李素文 / 著

只要你不拒绝 /// 学会去接受

哈尔滨出版社
HARBIN PUBLISHING HOUSE

图书在版编目（CIP）数据

只要你不拒绝：学会去接受 / 李素文著.—2版.—哈尔滨：哈尔滨出版社，2018.3
ISBN 978-7-5484-3173-2

Ⅰ.①只… Ⅱ.①李… Ⅲ.①人际关系学-通俗读物 Ⅳ.①C912.1-49

中国版本图书馆CIP数据核字（2017）第030883号

书　　名：只要你不拒绝——学会去接受

作　　者：李素文　著
责任编辑：李金秋　张　薇
责任审校：李　战
封面设计：苏　萘

出版发行：哈尔滨出版社（Harbin Publishing House）
社　　址：哈尔滨市松北区世坤路738号9号楼　　邮编：150028
经　　销：全国新华书店
印　　刷：哈尔滨市石桥印务有限公司
网　　址：www.hrbcbs.com　　www.mifengniao.com
E-mail：hrbcbs@yeah.net
编辑版权热线：（0451）87900271　87900272
销售热线：（0451）87900202　87900203
邮购热线：4006900345　（0451）87900345　87900256

开　　本：787mm × 1092mm　1/16　印张：16.75　字数：120千字
版　　次：2018年3月第2版
印　　次：2018年3月第1次印刷
书　　号：ISBN 978-7-5484-3173-2
定　　价：32.80元

序 言

在人生的道路中，无数人怀揣着满满的希望，憧憬能够走出一片属于自己的天地，成就一番伟业。然而命运之神却不愿轻易给予我们这个机会，有时纵然使尽浑身解数，我们也还是会在布满坎坷的前进道路上被弄得遍体鳞伤。

这个时候，你会如何去做？是就此放弃，还是义无反顾？

在感情的征途中，当我们满怀激情，抱着美丽的幻想时，突然一个晴空霹雳，我们深爱的人离开了；在事业的行进中，当我们信心满满，准备一展宏图时，突然上司开口“对不起，你被解雇了”；在成长的过程中，当我们又唱又跳，想要享受温暖阳光的时候，突然风雨交加，前方出现了未知的险境……

如果遇到这些情况，你又会作何表示？是自暴自弃，还是重新来过？

无论任何时候，命运之神都只垂青于那些热烈欢迎他的人，成功人士始终会用最积极的思考和最乐观的精神，以及最辉煌的经验，来支配和掌控自己的人生，而失败者则恰恰相反。那些说“不”的人，那些遇到挫折只会后退的人，将永远无法享受胜利的果实，也永远难以品尝幸福的香茗。

正是因为冬的严寒，我们迎来了春的温暖；如果你拒绝了冬天的严酷，也就意味着拒绝了铸就坚强的良机。

正是因为夏的烦躁，我们获得了秋的丰收，如果你拒绝了夏日的炎热，也同时会失去支撑生长的土壤。

事实上，并不是季节拒绝了我们的热情，而是我们误解了季节的沉默。命运也是如此，它不会随便首肯你的选择，更不肯轻易鉴定你的历程，然而，只要你不拒绝岁月的沧桑和命运的磨难，它定会还你一个满意的答复。

在日常生活当中，很多人往往习惯了拒绝，习惯了说“不”，或在不经意当中拒绝着很多东西，拒绝别人、拒绝责任、拒绝压力，假如你静下心来想想，你会发现，在不经意当中，你所拒绝的，并不是困难和挫折，而是友爱、快乐、仕途、成功……

其实更多的时候，并非命运之神不肯垂青于你，而是你在面临考验的时候，关上了心灵的大门；也并非其他人都比你幸运，而是你在幸运转盘前选择缩回了双手；并不是别人的成功之路都一帆风顺，而是你在十字路口前停住了脚步……

要知道，拒绝并不是明智的选择，而不拒绝才是一种积极的价值观，一种向上的人生态度。当我们面对失败、付出、改变、尝试、责任、宽容、理解、倾听的时候，选择拒绝，还是不拒绝，所得到的结局一定是截然相反的。因为选择拒绝意味着你放弃了人生中的无限可能，而只有不拒绝才能迎来更加开阔和丰富的人生。

在这本书中，我们从各种不同的角度入手，告诉大家应该如何面对人生、应对挫折，怎样合理地规避困难，如何技巧性地把握生活，怎样在不该拒绝的时候拿出勇气与毅力，争取本应属于自己的一切。希望本书能够帮你解决内心的困扰，也希望它能引领你改变生活的轨迹，使人生变得更加美好和幸福。

相信当你读完这本书的时候，一定会对不拒绝的人生有了更深层次的理解，而当你了解到这一点的时候，你就会发现，原来生活很简单，原来一切并不难，原来你也可以更卓越，原来成功离你并不远！

目录

序　言 / 001

Chapter 1 在职场中闭上想要说“不”的嘴 / 001

不要相信怀才不遇的鬼话，你只是没有做到最好 / 002

放下所谓的尊严才能收获更多的成就 / 006

拒绝创新是死亡的开始 / 009

不可以丢掉老经验 / 012

慢一点说不行，快一点想办法 / 015

拒绝批评就是拒绝成功 / 019

常说“想当年”，就不会有再辉煌 / 022

不去试一试，怎么知道没结果 / 025

Chapter 2 拒绝，爱情盛宴中最不受欢迎的客人 / 029

认错的人一定是爱情的输家？ / 030

丢掉宽容就等于丢掉爱情 / 034

坦然享受，让爱更加美满 / 037

逃避爱情等于逃避幸福 / 041

Chapter 3 失恋有什么大不了？怎可将下一个好恋人拒之门外 / 045

幸福是需要自己培养的素质 / 046

失之东隅，收之桑榆 / 050

敞开心怀，你才可以得到另一份爱 / 054

沉浸在失恋的痛苦中会失去重新开始的机会 / 058

有一种爱情叫勇气 / 062

关上一扇门，打开一扇窗 / 066

不要失落！失恋有时也是一种收获 / 070

别让恐婚症害了你 / 074

Chapter 4 家是一个不容拒绝的场所 / 079

怎能不相信家人的爱 / 080

沟通也许很困难，但这不是关闭心门的理由 / 084

在想说之前先去倾听 / 089

永远不要纠缠于矛盾焦点上 / 094

放下家长作风就是摈除冷漠 / 098

如果爱，请深爱 / 102

给孩子成为大人的机会 / 106

Chapter 5 不拒绝的生活很美 / 111

不拒绝是一种生活态度 / 112
宿命论是不用心生活的借口 / 115
拒绝行善就是拒绝帮助自己 / 119
接受新事物，生活更美好 / 123
快乐不会不请自来 / 127
懂退让才能更快乐 / 132

Chapter 6　正视挫折吧，天不会塌下来 / 137
冬天是无法抗拒的，你能做的就是迎接春天 / 138
没有站不起来的人，只有拒绝坚强的人 / 142
接受帮助不等于受人施舍 / 146
放弃了乐观就等于放弃了希望 / 150
在现实面前，你怎样选择 / 155
有时，换个角度也挺好 / 159
别不敢承认你的失误 / 164

Chapter 7　欣然打开成长的大门 / 169
充电永远不该被抵触 / 170
不吸取经验教训的人永远不会成长 / 175
说声“谢谢”并不难 / 179
永远不容拒绝的感情 / 184
成长中不应拒绝风雨 / 188
欣然接受现在的自己 / 192

快乐，你不容拒绝的修养课程 / 196

Chapter 8　尽情迎接真正的友谊 / 203

不会道歉的人朋友最少 / 204

不要将陌生人拒于千里之外 / 208

先去信任别人，就会迎来别人的信任 / 213

教你真诚地展示自己 / 217

不关心别人的人必遭阻碍 / 221

感恩让友谊更珍贵 / 225

Chapter 9　不拒绝突破，就能成就更好的自己 / 231

“不”字是最不容易突破的阻碍 / 232

这个“我”真的最好吗 / 236

放低姿态，尝试改变 / 239

放弃不是拒绝，而是迎接新的开始 / 243

梦想就在眼前，只要你肯伸手去抓 / 247

自救是克服困难的唯一出路 / 251

Chapter 1

在职场中闭上想要说“不”的嘴

不要相信怀才不遇的鬼话，你只是没有做到最好

当看到那些成功人士在侃侃而谈自己的奋斗史时，很多人除了羡慕，更多的是在想：“如果我能像他一样成功该多好啊！”

这并不是不可能的事，机遇是平等的，只要你肯努力拼搏，成功的大门就会向你敞开。

然而，一个事实摆在面前：现在优秀的人才越来越多，高学历、海归派数不胜数，但真正可以称得上是成功人士的，还是少数人。

这是为什么呢？

也许有些人会说：“千里马也要有伯乐才行。我就是没有遇上伯乐，所以才怀才不遇，不能一展长才。”

“怀才不遇”似乎是很多郁郁不得志的人惯用的理由，然而事实真的是这样吗？不尽然。

金冼日就是这样一个怀才不遇的人。他名牌大学毕业，又在美国读了MBA。在读书时，他拿过很多奖项，受到师长的称赞。回国后，他自信满满，想要做出一番事业。

然而求职之路并不像他想象中那么顺利，有的公司想聘请他，他觉得待遇不高；他想去的一些公司，对方又看不上他。

经过了一番努力，金冼日好不容易才跻身一家世界500强的大公司。他很高兴，以为这下可以大展拳脚了。

但是，令金冼日万万没想到的是，伸向他的不是成功的橄榄枝，而是人生的一记闷棍。

原以为凭着自己的学历和能力可以担任要职，岂知上司却安排他和另外几个刚毕业的大学生做很基础、很琐碎的工作，每天无非是对对报表、检查档案，甚至有时还要充当快递员的角色，帮公司送文件。

这和金冼日设想的工作内容相差甚远，每当别人问起他工作近况的时候，他都不好意思如实相告，只能搪塞过去。

金冼日的心中满是失落和压抑，工作起来自然也不太认真，经常出错，总是被上司批评。他强打起十二分精神做事，好不容易熬到了实习期过，被转到另一个部门。刚以为工作会有起色，谁知道还是被分派做一些不重要的事情。

金冼日实在是忍无可忍，就跑到上司那里评理。他一直抱怨着，说着自己的理想、抱负，大谈公司用人制度的弊病。他滔滔不绝地说了半天，上司毫无表情，安静地听着。等金冼日说完，上司才淡淡地回了一句："哦，我知道了。回去做你的事吧。"

本以为自己的长篇大论会得到上司的理解，可谁知道竟然只有这么平淡的一句话。金冼日觉得心灰意冷，更加没有心思工作了。

有一天，金冼日刚刚吃完午饭回来，无意中听见公司的同事正在谈论自己。

“听说金冼日去上司那儿发了一通牢骚，上司根本没理他。”

“真是可笑，他什么事都做不好，还整天以为自己有多了不起，没被踢出公司就该偷着乐了，还跟上司抱怨什么？”

“这年头啊，那些学历高、喝过洋墨水的人都觉得自己了不起，其实什么也干不好。就拿上次来说吧，让他写个文案，结果却弄了个乱七八糟，一点有用的都没有。害得我加班重新写过。”

……

同事的这些话让金冼日既恼火又震惊，恼的是他们居然在背后说自己坏话，惊的是在他们眼里，自己竟然一无是处。

当晚，金冼日一个人在街上无精打采地走着。他不停地想着今天所发生的一切，难道自己真的是同事口中说的那样什么都做不了吗？他开始回想自入职以来自己为公司所作出的贡献，想来想去，好像除了发牢骚之外真的没有做过什么实际的事情，因为嫌公司交给他的事情太小、太琐碎，所以什么都没有认真做。

想到这里，金冼日猛然明白了过来，总认为自己是人才，没有遇到伯乐，可是自己的才华并没有显露出来，又如何能让伯乐看到呢？

自此后，金冼日一改以前的作风，不再拒绝做小事，不管上司交待给他什么事，他都一丝不苟地做好。

过了一段时间，金冼日发觉同事对自己的态度不一样了，变得友善、热情了，而上司也不再批评他，反而开始向他投以赞扬的目光，并逐渐安排一些重要的工作给他做。

经过不断的努力和磨合，金冼日成为了公司的明星员工，不但成为了上司的左右手，还让同事们对他心悦诚服。

在一次重要的人事调动中，金冼日被提升为部长，等待他的是更大的发展空间。在就职讲话上，他由衷地说了这样一番话：“以前的我总认为自己才高八斗，只是没有遇见赏识我的人。后来我才明白，不是没遇见伯乐，而是我眼高手低，事事都做得很差劲。其实在这个公平竞争的时代，哪还有什么被埋没的人才呢？只要我们肯努力，把每件事都尽力做好，自然会有回报！”

的确如此。当你认为别人不理解你，不肯把重任交付给你时，不要急着抱怨，先想一想自己究竟有没有做出什么举动，可以让别人对你另眼相看。如果你总是拒绝付出，总是眼高手低，那么伯乐也将离你越来越远！

放下所谓的尊严才能收获更多的成就

人不可无尊严！

然而，什么才是真正的尊严呢？

古人有不为五斗米折腰、不吃嗟来之食等句，都是在讲尊严。

可在当下，偏有一些人，过分强调尊严，把一些小事看得比天还重，动辄就扯到尊严上，其实远没有那么严重。比如在职场中，被领导批评了几句，就觉得他是在侮辱自己，立时竖起一面盾牌，拿起一支长矛，做出一副戒备森严、准备还击的模样。

这样做无疑是把自己囚禁于象牙塔中，拒绝接受风雨的洗礼。如此娇气，禁不起磨砺，又岂会成为人中龙凤呢？

林至伟是一家公司的业务员，有一次他遇上了一件麻烦事。他负责的一项工作出了问题，客户拒绝收货。其中的责任并不在林至伟，而是在客户本身，可是客户仗着自己财大气粗，不肯认错，硬要林至伟所在的公司承担责任。

为了不得罪这个大客户，以便日后更好地合作，公司领导商量以后决定承担一半的损失，由林至伟代表公司向客户道歉。这样退一步，可以让客户面子上好看一些，不至于把事情弄僵。

可是当领导把这个决定告诉林至伟时，却令他很不满。他生气地说："我又没有做错，分明是客户的失误，为什么要我向他道歉？”

领导安慰他说：“我知道你没有做错，这只是为了给客户一个台阶下。你诚恳一点，再加上我们开出的条件，他一定会同意的。伸手不打笑脸人嘛，我们以后还要长期合作的。”

可是林至伟把头一摇说：“不行！要我去道歉是不可能的！您有没有考虑到我的感受，这是关乎尊严的！”

领导听了有些难堪，但仍然好言劝道：“小伙子，没有那么严重，怎么扯到尊严的问题上了呢？我们只是给客户一个面子，要以客户为尊嘛。让他感受到自己是受重视的，才会长期和我们合作。这只是一个小问题，不要太较真了。”

可无论领导怎么劝说，林至伟就是认定这么做是侮辱了自己，执意不从。这让领导也很懊恼，觉得他过于固执，办事不够圆融，只得换了个人去与客户沟通，心中对林至伟的负面印象就此产生。这样一来，林至伟自然得不到重用。

有些人格外敏感，动不动就喜欢扯到尊严上，其实远没有那么严重。就如同林至伟一样，领导只不过让他去真诚地和客户道歉，给客户一个台阶下，这在业务往来中是十分正常的事。向客户说好话，并不是溜须拍马，不是曲意奉承，而是对客户的重视和诚意。

比尔·盖茨对尊严有自己的看法，他说：“这世界并不在乎你的自尊，他期望你在自我感觉良好之前有所成就。”

这句话意在向我们表明，什么是真正的尊严。有些人对尊严的认识有些偏颇，认为对客户毕恭毕敬就是丧失尊严，对领导言听计从就是有辱人格，其实根本没有这么严重。

如果一个人过分地强调尊严，却没有为公司带来任何利益，或只赢得很少的利益，又从何体现个人尊严呢？当你的业绩总是公司的最后一名，当你总给其他同事拖后腿时，会觉得自己有尊严吗？

要想让别人尊重自己，就要用实力说话，用能力取胜。当你把工作做得十分出色，业绩总名列前茅，总是能搞定一切难搞的客户时，别人自然会对你敬佩不已。这时你才能真正地赢得他人的尊重。

不要把自己看做世界的中心，动不动就扯到尊严上面去，那只是敏感者、自卑者的做法。

真正的尊严，是晏子使楚时拒绝钻狗洞；真正的尊严，是陶渊明“不为五斗米折腰”的气节……这种尊严不同于骄傲自大或缺乏自我批评精神，而是正视自己，发扬利用自己的优点，克服改善自己的缺点。

要放下所谓的尊严，就必须对尊严有所觉悟，认清什么是真正的尊严，赶走心中无谓的自大与骄傲，让心空下来，装入更多的新的、有用的东西。

当你拒绝了放下所谓的尊严时，就失去了赢的机会；

当你拒绝了主动出击时，就放弃了一份希望；

当你拒绝了吐故纳新时，就与成功失之交臂。

拒绝创新是死亡的开始

在当今这个时代，创新一词被越来越多地提及。的确，世界瞬息万变，只有不断的创新才能适应变化。尤其是在工作中，如果不进行变革就意味着被人赶超，如果不进行创新就意味着自取灭亡！

曾经的通用汽车公司总经理斯隆刚上任时，通用公司各个汽车生产部门的产品方向是混乱无序的，亏损很严重。

其中，有一款雪佛兰汽车的市价是当时通用公司产品中价格最低的，但就是这一款最低价格的车，也比当时的竞争对手福特公司的一款车要贵。

不仅如此，雪佛兰的质量也不好，车轴不结实、离合器不可靠、引擎总出毛病……这样一款性价比低的车，当然不会受到客户的欢迎。

为了推销存货并维持生产，这款车不得不降价出售。但是因为高成本，即使降价后的价格也比同类车高，而且每出售一辆，公司就要损失50美元，产销越多，亏损也就越大。

这令刚刚上任的斯隆犯难了，如何才能在保证质量的前提下，把价格降下来呢？

无疑，质量是产品的主要竞争武器，只有不断改进产品质量，才能受到顾客的欢迎，才能在低价市场上战胜福特的汽车。

可是接着另一个问题来了，怎样才能设计出高质低价的车呢？显然现有的技术员都不能拿出有效的解决方案。

正在这时，斯隆得知福特T型车的主要设计人之一克努森离开了福特公司。这简直是天赐良机，斯隆马上派人将克努森请来，聘请他担任通用公司工程技术部的主任，并兼任雪佛兰公司技术部的主任。

克努森的确是一个非常具有创意的技术者，他并没有照搬福特T型汽车的设计，而是进行了更多的技术创新。

在他为通用雪佛兰汽车的面世努力奋战的两年里，他不仅为斯隆拿出了物美价廉的一种雪佛兰车，而且还设计出了一个雪佛兰系列。

这一系列的设计使通用雪佛兰公司的工程水平和生产技术水平都达到甚至超过了福特公司。很快雪佛兰车的产量剧增，在市场占有率上也远远超过了福特公司。

亨利·福特在得知通用公司即将推出低价的雪佛兰汽车时，曾经先下手为强，再次作出降价的决定。

但是已经晚了，福特公司的车和雪佛兰汽车摆到一起，即使它便宜二三十美元，人们也决不会去买它，而是将目光转向雪佛兰。

雪佛兰汽车如此受人们欢迎的原因，还在于它独特的设计。它采用封闭式设计，比福特车先进多了，而且还不怕日晒雨淋。

由于雪佛兰汽车在设计时考虑到了现代道路的平展，因此车身离地面很低，显得轻巧而时尚。这仅仅是克努森创新的第一步，更令人叫好的是，他在设计时考虑到今后汽车发展的速度会更快，换型周期会更短，因此，他制订了雪佛兰汽车系列的生产技术规划。

他明确地告诉斯隆，当人们还在喜欢A型车时，自己已经在向经销商运出B型车，工厂则在生产C型车，而技术部则在设计D型车，这便是后来被世界所接受的滚动式系列生产推进技术。

克努森使通用公司得以在技术上突飞猛进，生产出了质量高价格低的雪佛兰，从而战胜了福特公司，同时为通用公司提出了一个科学的技术思想，一笔更可贵的无形财富。

由于克努森的技术革新，通用公司再一次赢得市场，在竞争中获胜并立于不败之地。

如果当初斯隆没有意识到创新的重要性，及时请来了克努森，那么企业将一直走下坡路，后果不堪设想。

如果克努森没有技术创新，只是沿用了以前的设计，也不会有如此好的市场效果，只能是追随着别人的脚步，不会占领理想的市场份额。

创新是开辟新道路的金斧头，引领你披荆斩棘，所向无敌；

创新是前进路上的推动器，让你动力十足，一路前行；

创新是困境中的突围先锋，在黑暗之中散发耀眼的光芒，让你看到方向，突围而出……

用热情的心去拥抱创新吧，不要害怕创新所带来的变数和陌生感。不拒绝创新，才能永远向前！

不可以丢掉老经验

有一次朋友聚会，大家闲谈的时候为一件事情争论不休。最后其中的一个朋友有些不高兴，说：“你们这些都是老经验，根本要不得。现在都什么年代了，怎么还老生常谈？”

听得出来，这位朋友很反感老经验，特别喜欢创新。这不由得使我想起了公司中的一位员工也如此。他是一个特别有朝气的年轻人，对工作充满热情。但美中不足的是，不愿意听别人的意见，尤其是不听老员工的意见。

由于他刚进公司，对公司还不熟悉。上司就安排了一位老员工带他，让他尽快融入公司中。

那位员工在表现出对工作很有热情的同时，也表现出了刚愎自用的一面。有一次，上司交待他做一件事，他自信满满地答应了，并绞尽脑汁地想出了一个自认为非常好的方案。可当他拿出这个方案与老员工交流时，却遭到了老员工的反对。老员工说：“你这个方法看似很好，实际上行不通。我们以前也试过这样去做，但是不可行。”

听了老员工否定的话，他不太高兴，说：“还没试过怎么知道不行？以前不行，并不代表这次就不行。”

老员工说：“这都是经验之谈，错不了。”

他反驳道：“没有创新就没有发展。你的老黄历都过时了。”

老员工被气得说不出话来，索性不去管他。他就按照自己的想法去做，结果真的证明了他的办法是行不通的。可是他还不肯认错，反而说：“这次不行不代表下次不行，总之我最讨厌老经验，墨守成规，一点价值也没有！”

类似这样的事情发生过很多次，连上司都不得不提醒他：“年轻人，有热情是好的，但不要太自大，要学会尊重老员工，多听取别人的意见。”

然而他一点也听不进去，还是我行我素。最后上司对他忍无可忍，只得把他辞退了。

其实这个员工有着很突出的优点：做事有冲劲、敢想敢做、充满热情，这些在职场中都是非常好的素养。但他也有致命的缺点，就是拒绝经验之谈。

在这个处处讲求创新的年代，很多人都把思想集中在“新”字上，看不起一切与“老”、“旧”有关的东西。

不可否认，老经验有着一定的弊端。因为时代不同了，环境不同了，有些经验就要因时而异，不能再称之为精华。可是，如果完全丢掉老经验，一味地将它们视做废品，就会矫枉过正，丢失掉很多宝贵的东西，让自己白白地走上弯路，浪费时间和精力。

如果公司的那位员工能够虚心一点，多去接受一些宝贵的老经验，他的职场之路将会更加通畅。

那么我们怎么才能既不失去创新精神，又不丢掉宝贵的老经验呢？

1. 不要从一开始就拒绝老经验

假如你从一开始就拒绝老经验，就等于在心中设了一道防线，把所有与老经验有关的东西都排斥在外。这样一来，你虽然不会被老经验中的弊端所干扰，但也看不到其中的精华。

2. 在老经验的基础上创新

需知道，有很多老经验是没有过时的。在创新的同时，你应该尊重这些老经验，在它们的基础上进行创新，这样才能让创新之路走得更加顺畅。

3. 理性地分析利弊

凡事都有利有弊，老经验也不例外。你应该理性地思考，本着客观公正的心去对待老经验，看出其中的利与弊，再将有利于你的东西保留，将弊端排除。这样工作起来就会更加得心应手。

4. 虚心地听取前辈们的意见

“你这样做是不行的”、“这根本行不通”、“年轻人，你太没有经验了”……

当听到这些话时，一些血气方刚、对工作充满热情的人可能是很难接受的。然而，越是这种时候，你越应该更加虚心。如果你认为别人口中所说的老经验是不对的，就应该虚心地向别人请教，问清楚为什么这种办法不可行。当你了解了其中的缘由时，就不会如此抗拒老经验了。

慢一点说不行，快一点想办法

有一次，我约了一个朋友喝茶。她还没坐稳，就开始不停地抱怨：“不好意思，我来晚了。都是我们上司找麻烦，非说我们部门的成本太高，要我想办法降下来。”

这个朋友是一家公司的部门主管，手下管着十几个人，她经常跟我抱怨工作上的不如意。我劝她说：“不要不开心了，哪个上司不想节约成本？想想办法就是了。”

“想什么办法？根本没办法！总不能让大家不吃、不喝、不坐车吧？我如果要减缩办公开支，大家都不乐意，工作热情都没了怎么办？谁还愿意替公司做事？”她气呼呼地说。

“好啦，消消气。等气儿消了再想办法。”

“没办法！不用想，这根本不可能！”

她的这番气话，倒使我联想起了一个人——全球第一CEO杰克·韦尔奇。他在20年的任期内把通用电气集团带入了辉煌。他所写的自传还被全球经理人奉为“CEO的圣经”。

在韦尔奇还没有接手通用电气时，只是集团里一个分公司的经理。当时他负责的分公司存在一个很大的问题，就是采购成本过高，几乎威胁到分公司的生存了。

韦尔奇遇到的问题和我这位朋友很相似，都是办公成本过高。可不同的是，韦尔奇没有断然说“不行”，而是开动脑筋想办法。

后来，他想了一个好方法，不但解决了成本问题，还给公司创造了收益。

韦尔奇专门在自己的办公室里安装了一部单独的电话。这个电话对外不公开，专供公司的采购人员使用。只要某个采购人员从供应商那里赢得了价格上的让步，他就可以直接打电话给韦尔奇。

此时，无论韦尔奇在做什么，哪怕是在谈一笔100万的生意，他也会立刻放下手头的工作接电话，并且他会说：“这真是太棒了！” 随后，他还会给这个采购人员起草一份祝贺信。

这方法看似简单，可是却非常有效果。直接的沟通和鼓励，使得采购人员的工作热情大幅上升，没有多久，公司的采购成本立刻降了下来。

节约成本就是创造效益，韦尔奇这个办法所创造的效益，不仅仅是在节约成本上，他对员工所产生的作用，才是更大的效益。

同样是碰到了节约成本的问题，我的朋友想都不想就说没办法，而韦尔奇不但想出了办法，还使员工的工作积极性也提高了。之所以有如此大的差距，就在于“想”字上。当你想都不想，先行关闭思考的大门时，那么奇思妙想自然就被排斥在门外。可如果你慢一点否定它，快一点想办法时，就总有灵感的火花迸发出来。

后来，我便将韦尔奇的故事讲给朋友听，希望能给她带来一些启示。她听完后沉思了一下，说：“我想想吧，也许会有办法的。”

几周以后，朋友又给我打来电话说：“我想到办法了。我重新制定了管理制度，降低了人力成本的浪费；还控制了采购成本，把价格重新限定；在预算方面我也重新评估过了，把不必要的预算减少了1/4；我还在员工内部开展了一项‘以公司为家’的活动，每个季度办公所花的成本最少而贡献又突出的员工可以获得奖励……现在这些方法正在实行中，看起来效果还很不错。”

听着朋友愉快的声音，我也为她感到高兴。世上的事往往就是这样，当你认为眼前无路可走时，只要坚持不放弃，就总会柳暗花明，在转角处发现新景象。

下面来教大家几个方法，当你遇到看似无法解决的问题时，不妨试一试，也许会有启发。

1. 从不同的角度想办法

有时候我们可能会碰到这样的情况，遇到的某一个问题是存在了很久的，前人都没有解决。这在大家看来就变成了不可能完成的任务。不如试着换个角度，从不同层面去思考，也许会有大发现。

2. 他山之石，可以攻玉

如果你遇到了一些难以解决的问题，可以多去查找资料，看看别人有没有遇到类似的问题，而他们又是怎么解决的。在这个资讯如此发达的年代，资源高度共享，只要你多去网上、图书馆等地方查找资料，一定会对你有帮助。

3. 不要想当然地认为不行

有时候我们总是认为这个办法行不通、那个办法肯定会碰壁，但这都是脑海中的想象，实际情况也许不如我们想象得那么糟。不如试着去做一做，在做的过程中你也许会发现这个办法并不是行不通。就算真的行不通，你也会在做的过程中得到一些启示，不断地调整方案，最终找到最适当的解决方案。

拒绝批评就是拒绝成功

在解放初期，有一次毛泽东主席和著名的历史学家周谷城谈话。

毛泽东说：

“失败是成功之母。”

周谷城回答说：

“成功也是失败之母。”

毛泽东思索了一下，说：

“你说得好。”

这段对话很引人深思。我们常常都说“失败是成功之母”，因为失败的痛苦可以激励我们奋发向上，成为前进的动力。可是反过来，当你获得成功时，成功的喜悦、飘飘然，又会使我们自以为了不起，在舒适与安逸中不思进取，听不得不同的声音。长此以往，等待我们的自然只有失败。

人都喜欢听赞美，这是人之常情，本无可厚非。但长时间生活在赞美中，就会看不清自己，看不清真相，很容易自以为是。因此，我们应该在享受赞美的同时，学会迎接批评。

批评能使我们冷静下来，客观地看待自己和周遭的环境，找出自己的缺点，激励自己不断提升。

美国前总统林肯还很年轻时，是一位律师。有一次，他为了办一个重要的案件来到芝加哥。

然而，芝加哥那些赫赫有名的律师都不爱理他。他们认为林肯的那种辩论方法太幼稚，不入流，并且也认为自己的地位崇高，和一个外地来的小律师在一起是自降身份。

那些律师摆出一副高高在上的面孔，对林肯不理不睬，连吃饭也不和他坐在一起。

如果换了是其他人，很可能觉得受到了侮辱，做出一些还击的举动，或愤然离去。可是林肯却没有这样做。他很虚心地接受了所有的批评，包括那些尖刻、很无理的批评。他还诚恳地说："我到芝加哥才知道自己懂得的东西有限得可怜，而我要学习的又那么多。"

就在这些批评声中，林肯一步步地向前走，不断地提升自己，最终成为了美国总统。而那些备受人尊敬的、终日生活在人们赞誉中的律师，还是律师，没有进步。

对于林肯来说，那些令人难堪的批评，非但没有打击他的信心，反而使他登上了成功的巅峰。

因此，若有人批评你，不要对他心存敌意，他可能只是想帮助你改正不足。就算他真的是心存恶意，刻意地打击你、排斥你，你也不应该拒绝这种磨炼，应该将他的批评当做进步的契机，成为对你有利的因素。更何况他的批评很可能真的指出了你的缺点，让你看清自己的不足。

这就正如诗人惠特曼所说："你以为只能向喜欢你、仰慕你、赞同你的人学习吗？从反对你的人、批评你的人那儿，不是可以得到更多的教训吗？”

著名的心理学家和人际关系学家戴尔·卡耐基，在他的《人性的弱点》一书中讲了发生在他身边的一个故事。

他认识的一位香皂推销员．常常主动要求人家给他批评。当他开始为高露洁推销香皂时，订单接得很少。

他反复思索，确信产品或价格都没有问题。那么，问题一定是出在自己身上。

于是每当他推销失败时，他都一定要想想自己哪里做得不对，而且他还会回到客户那里问对方：“我不是回来卖给你香皂的，我希望能得到你的意见与指正。请你告诉我，我刚才什么地方做错了。你的经验比我丰富，事业又成功。请给我一点指正，直言无妨，请不必保留。”

他的这种做法为他赢得了许多宝贵的忠告和友谊。

这位推销员也因此将业务做得有声有色，后来他成为了高露洁公司的总裁，他就是立特先生。

由此看来，我们能在成功人士身上发现一个共同点，就是从不拒绝别人的批评。他们为什么这么做呢？谁不知道批评会使人难堪、使人尴尬、使人面红耳赤下不来台？但是他们却深知一点：批评虽然不像赞美那样能让人高兴，让人飘飘欲仙，但却可以让自己正视不足，完善自己，找到可以提升的地方，从而带领自己攀向人生的更高峰！

常说“想当年”，就不会有再辉煌

在职场中，我们常常会遇上这样的人，为公司立下过丰功伟绩，是行业中的佼佼者，有着令人钦佩的专业技能……但他们都爱说类似的话：

“想当年，我连续五年拿过业绩冠军。”

“想当年，我刚出道的时候就谈下一笔大单。”

“想当年，在谈判桌上我所向披靡。”

……

这些“想当年”的光荣事迹无疑是一笔骄傲的谈资，让后辈们听了热血沸腾，敬佩不已。然而，当你认为自己做出成绩了，已经成功了，开始无数次地沉浸在巨大的成就感与满足感中时，就代表着你拒绝了超越自己，也拒绝了再创辉煌。

人要获得成功不难，难的是一次次地超越过去的荣耀，一次次地摆脱旧有光环的束缚，迎接崭新的自己。

美国著名的心理学家和人际关系学家戴尔·卡耐基说过一句名言：“与其等待敌人来攻击我们或我们所做的工作，倒不如自己动手。”

这就是说，在职场中，我们不但要接受别人的批评，还要勇于自我批评。

在卡耐基的档案柜中有一个私人档案夹，档案夹上标示着“我所做过的蠢事”，里面记录的全是他做过的傻事。

有时，卡耐基会请秘书给他作记录。但有时，那些事是非常私人的，而且愚蠢到他没有勇气请秘书作记录，只好自己写下来。

卡耐基经常拿出那个“愚事录”的档案，重看一遍对自己的批评，以便更好地做事。他也曾经把做错的事怪罪到别人头上，不过随着年龄渐增，他最后发现应该怪的人只有自己。

在他所著的《人性的弱点》一书中，曾经谈到了美国财经界领袖豪威尔的一个习惯。

卡耐基曾请教豪威尔先生成功的秘诀。豪威尔告诉他说：“几年来我一直有个记事本，登记一天中有哪些约会。家人从不指望我周末晚上会在家，因为他们知道，我常把周末晚上留做自我省察，评估我在这一周中的工作表现。

晚餐后，我独自一人打开记事本，回顾一周来所有的面谈、讨论及会议过程。我自问：‘我当时做错了什么？有什么是正确的？我还能干什么来改进自己的工作表现？我能从这次经验中吸取什么教训？’

这种每周检讨有时弄得我很不开心。有时我几乎不敢相信自己的莽撞。当然，年事渐长，这种情况倒是越来越少，我一直保持这种自我分析的习惯，它对我的帮助非常大。”

实际上，豪威尔的这种自我反省法是向科学家富兰克林学来的。不过富兰克林并不等到周末，他每晚都自我反省。睿智的富兰克林知道，不改正这些缺点，是成不了大业的。

所以，他一周定一个要改进的缺点作为目标，并每天记录赢的是哪一边。下一周，他再努力改进另一个坏习惯，他一直与自己的缺点奋战，整整持续了两年。

卡耐基认为："我们就是自己最严苛的批评家。在别人抓到我们的弱点前，我们应该自己认清并处理这些弱点。"

再来看看我们自己吧，当我们还在为别人的批评而恼怒时，成功人士却已经开始了自我批评。这是多么大的差距，也是我们为什么无法跻身成功人士之列的原因。

英国著名企业家、Apricot电脑公司的创始人罗杰·福斯特曾经谈了自己对成功的感悟："当你最成功之际也最脆弱，在这个时候容易犯下最大的错误。"

是的，就算你已经成功过又怎么样？就算你曾经辉煌又怎么样？这一切只说明过去，并不证明未来。从这一刻起，不要再想"我真是太出色了"、"还有谁能像我一样棒呢"、"我真是为自己感到骄傲"……这些想法只能令你沉迷，令你离下一次成功越来越远。

如何才能不膜拜曾经的成功，再创辉煌呢？

1. 抹去成功的记忆

成功的感觉实在太好了，让人喜悦，让人自豪，让人陷入其中无法自拔，但这种感觉却是下一个成功的拦路虎。它使你止步不前，终日活在回忆里。

要学会抹去这些记忆，从美好的感觉中走出来，把自己放在现实中，才能创造更大的成功。

2. 看到别人的成功

不光是你创造过辉煌，别人也会如此。你要善于看到别人的成功，从他的成功之路中找到可学习、借鉴之处。也许你会发现，别人做事的方法更加巧妙、更加富有创意。这些都可以激励你不断成长，不断超越。

不去试一试，怎么知道没结果

在工作中，我们会不断地遇到新的问题，而解决问题就是我们的责任。可当面对一些难题时，我们总是先想出一个办法，然后再摇摇头说“不行”。为什么不行呢？因为原有的刻板印象告诉我们，这样做是行不通的。

然而有一句话说得好，“没有调查就没有发言权”，尽管经验能在一定程度上帮助我们少走弯路，但总是会有时移事异的时候，单凭想象而下结论未免为时尚早。

有一位保险业的销售员，他发现同事的客户都是一些中等收入的人，而没有什么高收入的人。

他感到很奇怪，就问同事："为什么不向高收入人群推销保险呢？他们有钱，更有购买能力。而且有钱人往往在公司中有地位，是领导层，还有为员工们买保险的权力。"

同事们对他的问题却不以为然，面露不屑的表情说："人家那么有钱，肯定早就买过保险了，谁还等着你去推销呢？"

那个销售员想了想说："也许大家都这么想，所以很少有人去向高收入人群推销保险，那这就是一片市场空白啊！"

同事们听了他的话都摇摇头，认为他这是在浪费时间。

那个销售员并没有因为同事的否定而失去信心，他觉得没有调查而凭空想象是不科学的。于是他就去向高收入人群推销保险。结果他成功了，他说服了几个公司的董事长购买保单，并且这些大客户又介绍了几个同等身份的客户给那名销售员。

作为一名员工，你必须学会从多个角度解决问题，否则你的路就会越走越窄。对于一些看起来有难度的事情，不但需要你有敏锐的洞察力，准确的判断力，还需要从心理上突破自己，让自己勇于尝试。

这个销售员的举动让我联想起了另一个故事。有一年，纽约首屈一指的毛纺织品批发商杰姆斯雇佣了一个少年杂役，名叫乔瑟夫。

乔瑟夫每天早晨6点钟要到达弗兰克林街的办公室，在7点30分办事员们到来之前，把全部办公室打扫整理好。后来他申请去推销毛纺织品，得到了准许。

1888年，一场大风雪袭击了纽约，造成了很大的灾难。在这场灾难中，很多推销员都在将近中午时分才赶到弗兰克林街的办公室，争先恐后地聚拢到火炉旁，尽兴地聊着天。

那天下午相当晚了，大门打开，一股寒冷刺骨的北风直冲进来。同时，几乎冻僵了的乔瑟夫，像醉汉似的摇晃着蹒跚地走了进来。

见到这种情况，正在烤火的老推销员讽刺说："看，这是'董事先生'来上班了。"

而乔瑟夫的回答却很令他们吃惊："我是来晚了，不过我把今天应做的工作全做完了。像这样的大风雪，不会有竞争对手，所以在给客人们看了更多的样本后，他们更加认可我们的产品。我今天得到了43件订单，比平时还多。"

大家都认为在这种灾难性的天气里不会有生意做，但乔瑟夫却认为正是这种天气才给了自己机会，因为别的推销员都不愿意出门，就少了很多竞争对手。

随后，乔瑟夫被调升为正式的推销员，薪水也加倍了。他后来成为世界最大的不动产商人。

那些优秀的员工，不见得拥有比别人突出的天赋和才华，但他们一定会比其他人多走一步，多试一试。还没有走路就先把自己的路堵死了，那就注定不会成功。试着向那些被你忽略的领域踏近一步，也许会发现未知的新大陆。

Chapter 2
拒绝，爱情盛宴中最不受欢迎的客人

认错的人一定是爱情的输家？

某天晚间，一个女性朋友哭哭啼啼地来找我，原因是和未婚夫吵架，以致要分手。

听说他们要分手，我感到很奇怪。一来是因为两人即将结婚，连请柬都发出了；二来是素知男方对女方温柔体贴，百依百顺，怎么会闹到要分手呢？

女友哭泣着诉说了经过，原来两个人在筹备婚礼的过程中，她未来的婆婆也来帮忙。由于两代人想法不一致，所以产生了些矛盾。女方从小娇生惯养，根本受不了气，所以跟未来婆婆吵了起来，言语之间有所冲撞。未婚夫看到母亲被骂，自然生气，便说了未婚妻几句。这一下，女方受不了了，大吵着要分手。而男方一气之下也没有服软，说“分就分吧”。

我看出她并不是真的想分手，只是一时之气，便问她说：“你既然决定分手了，还哭什么？”

她气呼呼地说：“我说分就分啊，他连拦都不拦我。我跑出去以后他都没有追我回去。他根本就不在乎我！”

“其实你的未婚夫平时对你不错，千依百顺，你说一他不敢说二。可是这次为什么会跟你吵架呢？”

“还不是因为我骂了他妈妈嘛！”

“这不就是了嘛，不管怎么说，她也是你未来的婆婆，是长辈。你那样对她总是不好，更何况任何一个人看到父母被人骂，都会不高兴的。”

她听了脸有些红，知道自己不对，小声地嘟囔说：“那已经骂了，还能怎么样？”

“能怎么样？既然是你做错了，那当然要道歉。”

“什么？”听我这样说，她的声音一下子高了起来，“要我向他道歉？这怎么可能？”

我笑了，问：“为什么不可能？错了当然要说对不起了。”

“当然不行！”她说，“要我向他道歉，那也太没面子了。他是男人，应该他道歉！”

她很固执，不肯道歉，一定要男方先开口才行。

事情就这样僵在了这里，她本以为男方会主动来和解，可是一连几天也没有动静。她开始有些急了，找到我问：“怎么办？他为什么不来找我？如果他不来，我们是不是真的就分手了？”

我打趣说：“那不正合你意吗？是你提出分手的。”

“我那也是一时气话，现在请柬都发了，马上要结婚了，他又没动静了，这可怎么办？”她真的急了，搓着手，一副茫然无措的样子。

“这还不好办吗？你去跟他和未来婆婆道个歉，相信他们也会原谅你的。”

“不行！要我认错不可能！如果我认错，那岂不是输给了他？”她在认不认错这一点上相当固执。

“输？”我感到好笑，“在爱情中哪有输或赢？这只是一点小事，两个人在一起时间长了，争吵是难免的，道个歉就过去了。更何况，这次本来就是你理亏。”

可无论我怎么劝，她也不同意道歉，死活觉得面子上下不来。

其实类似的情况在生活中很常见，一对情侣吵架，经常有一方怎么也不肯认错，而这一方通常是女性，而且越漂亮、越优秀的女性，往往越不肯认错。她们面对自己的错误，往往采取置之不理、狡辩否认或者倒打一耙的态度，把一盆脏水泼向男人。能够谦虚地、诚恳地说声“对不起”的女性真是屈指可数。

为什么女性不愿意认错呢？一方面，女人天生的优越感使其认为自己高男人一等，在两性中间，女人就应该处于受保护、受尊敬的地位，男人都要依顺自己，否则就是不尊重自己。

另一方面，女人往往会将认错与认输画上等号，一旦“对不起”三个字出口，就仿佛低人一等，在男人面前失了面子，且以后永远抬不起头做人。

还有一方面，在与情侣争执时，越漂亮、越优秀的女人越容易产生这样的想法：“本小姐追求者众多，我谁都没选就选了你，而如今你却这样对我，还要我向你道歉，真是岂有此理！”

正是这三个方面导致女人不愿意认错，即使真的是自己错了，也死扛着，宁肯分手也不肯认错。

然而，你有没有想过，拒绝认错的后果是什么？很可能失去一段感情，丢掉一段好姻缘，错过一个适合你的男人。

也许男人会因为爱你，一次两次地服软，明明是你不对，也主动跟你说对不起。但是男人也是有自尊、有血性的，当你得寸进尺，越来越过分的时候，总有一天他会气得拂袖而去，不再用甜言蜜语哄着你，而造成这一切的罪魁祸首，就是你自己！

女人可以偶尔不讲理，可以撒娇任性，但要知分寸，懂进退。小错可以用耍赖蒙混过去，大错一定要郑重检讨。

不会认错、不会道歉的人也就不会批评和自我批评，缺乏对自我的反省，也很难真正地了解对方，这在爱情中是极大的危险，相当于你创立了一家公司却不去维护它、不去用心经营，即使资金再雄厚、人脉再丰富，也难免会有关门大吉的一天。

实际上，男女双方的道歉远不像在职场中出了差错要写检讨、扣工资甚至开全体批评大会那样复杂，只要一方开了口，另一方都会就坡下驴。尤其是女人，只要撒娇地偎依在男人怀里，嗲声嗲气地说一句“好了啦，对不起，人家以后不这样了嘛”，还有哪个男人能对你绷起脸？早就乖乖投降，陷在温柔乡里了。

这番道理，我写在E-mail里塞给女友。经过我的劝说，再加上怕这段感情真的就此烟消云散，她终于硬着头皮发了一条写着“对不起”的短信给未婚夫。

结果是，未婚夫接到短信后，手持一束玫瑰以闪电般的速度赶到她家，两人重归于好，恩恩爱爱，一家和睦，婚礼如期举行。

看，男人有时也是要个台阶下的……

丢掉宽容就等于丢掉爱情

爱情似水，宽容如岸，岸的广度决定了爱情的宽度。

有些人在爱情中过分计较，认为我对他好，他就应该对我好。恨不得拿个天秤称量，如果对方的爱少了一斤半两，就愤愤不平，誓要声讨。

缺少了宽容的爱，像鲜花没有了雨露滋养，很容易干枯凋谢。

随着电视剧《金婚》的热播，大家茶余饭后的话题也都在谈论婚姻的长久之道，这不禁使我想起一个故事。

有一对金婚的老夫妻，非常恩爱。虽然年事已高，但每天出门散步都要手拉着手，一副甜蜜的样子。如果碰上情人节之类的节日，老爷爷还会买一朵玫瑰送给老奶奶。这种甜蜜不知道羡煞了多少年轻的情侣和夫妻。

每次谈起这对幸福的老夫妻，大家都认为他们一定从年轻的时候就很恩爱，属于几十年也没红过脸那种。

可是有一次，老爷爷的一番话令大家意外不已。

老奶奶过大寿，很多人都赶来为她祝寿。在生日寿宴上，大家请老爷爷对老奶奶讲几句心里话。

老爷爷动情地说："我和老伴能一起风风雨雨走过这几十年，全靠老伴对我的宽容。想当年我年轻的时候，还不懂得什么叫责任，做过很多错事。”

接着，老爷爷讲述了一个让人意外的故事。原来，老爷爷年轻时风流多情，即使结婚了也不安分，背着妻子偷偷在外面找了个情人。后来妻子怀了孕，他也没有好好照顾，仍然在外面花天酒地。妻子得知后非常生气，动了胎气，孩子早产了，幸好母子平安。

妻子在坐月子时终日以泪洗面，想着寡情薄幸的丈夫，又看着幼小无助的孩子，当真不知道如何是好。

丈夫自知理亏，连家都不敢回，索性与情人去外地旅游散心。恰巧在这个时候，他的老母亲病了，住进了医院。妻子听说婆婆生病，不顾产后身体虚弱，把哺乳期的孩子交给旁人照看，就跑到医院照顾婆婆。

丈夫旅游回来，听说母亲病了急匆匆地赶往医院。当他见到了被照顾得无微不至的母亲和一脸憔悴的妻子时，一股难以形容的愧疚感涌上心头。本来照顾母亲是他的责任，可是自己却和情人跑出去玩，让妻子独自尽孝。而妻子面对丈夫的背叛，却没有把怒气加诸婆婆身上，依然不辞劳苦，照料着婆婆。

面对宽容善良的妻子，丈夫悔恨不已，认识到自己真的做错了。他与情人分了手，然后找到妻子，诚恳地请求她的原谅。

看着前来忏悔的丈夫，妻子的内心十分矛盾。丈夫的出轨让她难以接受，但又舍不得结发之情。她究竟该不该原谅丈夫呢？

经过了几天的考虑，她最终决定原谅丈夫，给他一个机会，也给自己一个机会。

结果大家都看到了，两个人从年轻走到了年老，看着对方的青丝渐渐变成白发。

听完这个故事后，大家都很动容。而故事的主角，那位老爷爷更是动情地说："如果当初没有妻子对我的宽容，就不可能有我们接下来几十年的幸福时光。因此我更要用剩下的时间，好好地照顾妻子，让她更加幸福！"

坐在一边的老奶奶有些不好意思，一直摆着手说："都过去的事了，还说这个干啥。"

这对金婚老夫妻的故事真是令人心生感慨，很多人在经历了一场轰轰烈烈的爱情后，都身心疲惫地回到了起点。空守着一段回忆，什么也没有得到，只是躲在无人的角落里，独自舔舐着自己的伤口。而再放眼看看周围，那些一双双、一对对的情侣，虽然历经了风雨，却依然不离不弃，相知相守，令人煞是羡慕。

为什么同样是情侣，其结局却是这么不同呢？我想，这其中的差距只在两个字：宽容。

爱情中不乏浪漫，但更多的是现实和平淡，而远非小说、电影中描述得那样唯美，因此两人间就很容易出现摩擦和磕碰。

如果两人都像铁一样硬，互相碰撞就会磕得千疮百孔。若有一个人像水一样柔，就能包容对方，让很多事有所转圜，不至于像火星撞地球一样。

感情其实很脆弱，若不用心维护很容易支离破碎，而维护之道，最关键的就在于宽容。

如果爱情拒绝了宽容，两个人之间的摩擦就难以消除；

如果爱情拒绝了宽容，两个人就会从含情脉脉变得针锋相对；

如果爱情拒绝了宽容，两个人就会从蜜里调油变成水火不容；

如果爱情拒绝了宽容，彼此对对方的错误就会揪住不放，心存芥蒂……

宽容不是对对方的错误置之不理、忍气吞声，而是在善意地沟通、了解对方的基础上对他谅解、包容。宽容也不是某一方不停地退让、容忍，而是彼此各退一步，都为对方着想。只有这样，才能领悟宽容真正的含义，也才能让宽容在两性感情中发挥正面的作用。

多给对方一些宽容吧，你们的爱情将更加长久、坚固，你们的漫漫人生路也将更加幸福、甜蜜！

坦然享受，让爱更加美满

爱不仅要会付出，更要会享受。

什么是享受？

予取予求、肆意让对方做这做那？

当然不是！

享受是要让另一半感到自己被需要，从心中生出满足感和成就感。

曾经有一个男人热烈追求一个女人，送花、送礼物，十分殷勤。好不容易追到了手，可是不到半年，却又分了手，而且提出分手的还是男方。

“你追她的时候多么热烈，说她这也好那也好，一副不与她天荒地老誓不罢休的模样。为什么才一年，就提出分手了？”朋友们都很不理解。

男人叹息着说：“因为我觉得她不爱我，我怎么也走不进她的内心。她从来也不需要我，我每次送花给她，她都说不要，送礼物也是如此。就连我和她出去玩，她也总是坚持AA制。并不是她不喜欢我送的东西，而是她很独立，不想让我为她做什么，不想成为我的负担。可是什么都不用我做，那还要我干什么呢？”

不得不承认，他说得很有道理。爱是需要和被需要的结合体，如果对另一半全无要求，与陌路何异？

既然两个人相爱，就要充分地享受这份甜美。你可以对他没有要求，但当爱侣主动为你做这做那时，你就要安然享受这一切。当对方看到你幸福的表情，会觉得更加幸福。

记得看过一个故事，有一个男人，人高马大，看上去绝对属于大大咧咧、不解风情的莽汉，可谁能想到，这样一个男人却总爱给老婆打电话，不管大事小情总要请示老婆，且说起话来极为肉麻。“老婆，今天晚上你做个炸鸡腿吧，我想吃”、“老婆，我下午要去见个客户，你说我打那条蓝色的领带还是暗红色的呢”、“老婆，他们说宽带费一次交一年的可以免费送两个月的，我们交吗”、“老婆，我今天要去的地方会很堵车，你说我是开车呢还是打车呢” ……

诸如此类的“肉麻”话从这么个大男人嘴里说出来，听者无不惊奇。

然而他却不管别人怎么想，仍然经常给老婆打电话，絮絮叨叨，且每次都在提要求，要老婆为他做这个做那个，简直像个在撒娇的小男生。而且他的老婆从来也没有拒绝过他，总是欣然答应。

在别人想象中，他的老婆一定是个女强人型的女人，对他有无限的包容和照顾。可在一个偶然的情况下，大家见到了他的老婆，竟然跟想象中完全不同。她瘦瘦的，脸色很白，但不是那种健康的白，而是有些苍白，像林妹妹一样。他轻轻地搀扶着老婆，好像怕她随时会摔倒。

后来大家才得知，他老婆患有绝症，已经是晚期了，大夫说她随时可能倒下。

得知这个消息后，大家对这个男人有些怒气了。老婆都病成这样了，还整天使唤她，让她做这个做那个，这也太没有人性了。大家看不过去了，让他对老婆好一点，不要让她在最后的日子再操心受累了。

可是他却一脸不以为然的神情，说“她是我老婆，不使唤她使唤谁呢”。这真是太可气了，竟然对老婆没有一点怜惜疼爱之情，还是不是男人了？

面对大家的指责，他收起笑容，认真地说：“你们是不是觉得只有对一个人付出才是真爱？其实享受对方的爱也是一种爱。

我老婆刚查出绝症的那段日子，我什么也不让她做，家务活全都承担下来，就想着让她吃好喝好玩好，安静快乐地走完最后的日子。可是她的心情很差，精神也一天比一天糟糕，整天叨念着不如早早归去，像废人一样活着没什么意思。我说那怎么行，我还没有吃够你做的饭菜呢，还没有喝够你熬的汤呢。从那天起，我便又开始让她做这做那，让她觉得我需要她，这个家需要她。慢慢地，她的脸色红润起来了，精神也一天比一天好。从那时起我便明白了，爱一个人不仅是付出，更是要让她知道你需要她。

所以我才每天都给她打电话，要她做饭熬汤，有什么大事小情也都向她请示。你们以为我真的连打什么领带穿什么衣服都不懂吗？这是为了让她觉得她很重要。我老婆说，就算她要咽下最后一口气的时候，也要做好几个菜，给我放在冰箱里。被人需要是幸福的，我想让老婆得到这样的幸福。”

男人的声音哽咽起来，而大家也才明白，原来除了付出，爱还有另一种表达方式，那就是坦然享受对方的爱，让对方感觉被需要，给他爱你的机会。

是的，爱不只是付出，更要懂得享受。只付出，不享受，爱情就变得苦涩无味；只享受，不付出，爱情就变得自私。真正聪明的人，哪一样都不会拒绝！

逃避爱情等于逃避幸福

人人都期望一段刻骨铭心的爱情。当爱情尚未到来时，把一切美好的情怀都藏在心里，而当爱情真的降临时，却有一部分人远远地躲了开去，不敢靠近。

为何会如此？其中的一个原因就是自卑。

有些人暗恋别人，哪怕自己受委屈也要为他做很多事，但就是不敢让他知道。或是觉得自己外表不漂亮，或是觉得自己挣得少、学历低。归结为一句话就是“我配不上他”！

这可真是很糟糕的一件事，眼巴巴地看着对方成天在眼前晃来晃去，和别的异性谈笑风生，最后落入别人的情网，出双入对，只剩下你自己形单影只，看着他们暗自流泪。

心理学上把这种情况称之为“匹配假说”，就是人都愿意找与自己各方面条件相当的人谈恋爱。虽然大家心里都想找一个条件高于自己的，但如果对方条件高出自己太多，就会打起退堂鼓。这也就是俗语所说的“鱼找鱼，虾找虾”。

既然是“假说”，就不是肯定的结果。那么为什么不能勇敢地接受一份爱情，或是主动出击呢？也许结果根本不像你所想象的那样。

19世纪，英国有一位女诗人伊丽莎白·芭蕾特。她才华横溢，诗作极受欢迎。然而，她却是一位残疾人，15岁时骑马不幸跌损了脊椎，从此瘫痪在床。

这时，有一位比她小6岁的诗人勃朗宁倾慕她，大胆地给伊丽莎白写了一封信，在信上吐露了自己的心声："我爱极了你的诗篇——而我也同时爱着你……"

这封热情洋溢的信打动了伊丽莎白，她也回了一封信，从此开始了与勃朗宁的书信往来。

不久，勃朗宁已经不满足于寄情于书信了，要求与伊丽莎白见面。可是伊丽莎白一口回绝了，因为她对自己的样子一点信心也没有，从来也不见陌生人。

可是禁不住勃朗宁的再三请求，伊丽莎白克服了自卑，与他见了面。

谁知道三天后，勃朗宁竟然写了一封求婚信给她，想与她共结连理，这当然又遭到了她的断然拒绝。伊丽莎白已经躺在床上24年了，对自己的终身大事从来也不抱任何希望，更不可能嫁给比自己年轻、英俊潇洒的勃朗宁。在她看来，那简直就是在耽误他，会令他遭到别人的耻笑。

尽管遭到了拒绝，勃朗宁仍然不死心，还是像以前一样，经常去看她，与她在诗的海洋里畅游。

在与勃朗宁相处的日子里，伊丽莎白的内心很是矛盾。一方面她深爱着勃朗宁，另一方面又很自卑。这种快乐与痛苦交织的情绪紧紧缠绕着她。

终于有一天，爱情创造了奇迹，在勃朗宁的鼓励与爱护下，伊丽莎白居然站了起来。这种变化让她在惊喜不已的同时也产生了一股勇气，终于投进了勃朗宁的怀抱。

尽管伊丽莎白的父亲怎么也不能接受这段恋情，但她这次变得坚定了，与心上人一起远离家乡，到意大利生活，还生出了一个健康的孩子。

爱情的力量使伊丽莎白原本孱弱的生命绽放出了光彩，并令她写出了更多优秀的诗篇。

如果伊丽莎白始终没有过了自己的这一关，没有接受勃朗宁的爱，又怎么能拥有幸福的生活呢？在她的有生之年，再也无法站在阳光下面，再也无法与爱人深情相拥，再也无法孕育自己的宝宝。

假使因为不喜欢对方等原因而拒绝爱情，是自主的行为，这是将爱情的主动权掌握在自己手中；假使因为觉得自己配不上等原因，就太过愚蠢，太过消极。

还有一些人由于从小受家庭环境的影响，对爱情持否定态度。比如父母关系不好，总是吵架，孩子生活在这样的环境中，就很容易觉得爱情、婚姻是靠不住的，没有永恒的爱情，再炽热的爱情火焰也会熄灭。当孩子长大后，往往会抗拒谈情说爱，即使有人向自己表白，也会断然拒绝，或是不敢尝试。

不要拒绝从天而降的爱情，不要轻易否定自己，没有试过怎知道不行？没有伸手怎知什么也抓不到？

敞开心扉才能迎接春天，无所畏惧才能创造生机。亲爱的朋友们，幸福就在不远处，迈动你的双脚吧，奔向甜蜜的彼岸！

Chapter 3

失恋有什么大不了?怎可将下一个好恋人拒之门外

幸福是需要自己培养的素质

有人曾说过这样一句话："人生如同打牌，想成为最后的赢家，不在于你手中到底拿到多少好牌，而在于如何想方设法将手中的牌打好。即使运气不佳，手中没有多少好牌，只要能认真对待，尽最大努力，至少你不会在最后输得太惨。"

事实正是如此，真实的人生取决于态度，它往往并不是对于想象的认证，而是最为丰富的调味瓶，酸甜苦辣百味俱全，有幸福，也有悲伤。

有些人往往会抱怨上帝的不公，尤其在感情受到伤害的时候，甚至会将自己的一切推翻，关上接纳别人的大门，进而怀疑自己从未拥有过幸福，或丧失了获得幸福的能力。

实际上这不过是种错觉，无论是幸运还是不幸，在不同人的心中都会有不同的诠释，因为幸福是一种能够通过培养而获得的素质。

或许有人会对此心存疑虑：幸福就是幸福，不幸就是不幸，怎么才能将不幸培养成幸福呢？有位名人这样说："困苦人的日子都是愁苦的；心中欢畅的人，则常享丰筵。"这句话告诉我们，只要能培养自己的愉快之心，将幸福当成一种习惯，那么生活就会成为一连串的欢宴。

很多时候，一次大胆的尝试，一个灿烂的微笑，一个习惯性的动作，一种积极向上的态度，都能成为生命中意想不到的起点，它所带来的远远不止一点点喜悦或简单的收获，拥有感受幸福的态度和素质，不仅会为你带来更多快乐，有时还能为人生带来新的惊喜。

林蔚是一名公司高管，她的男友却是个出租车司机，很多人都感到迷惑不解，身边高层次、高收入的人比比皆是，她怎么会看上一个资历平平的出租车司机呢？每当有人问她这个问题，她总会提到和男朋友第一次邂逅的情景。

一天早上，刚出家门的林蔚发现自己的车子抛锚了，因为担心迟到，她决定打车去公司，而此时恰好下起了大雨，打车变得有些困难，尽管她一直伸着手，出租车却一辆接着一辆无情地从身边快速经过。林蔚在雨中感到无助又沮丧不安，好在终于有一辆出租车停在了她前面："您好，请问要去哪里？"

听到这柔和的询问声，她抬起头，看到了一张笑容可掬的脸。林蔚有些惊讶于迎面而来的亲切，随即告诉他地址。司机笑着说："好，你希望怎么走呢？"林蔚从未听过出租车司机这样问，她很清楚，这个司机想猜测她的心思，于是忍不住笑了："都可以，你看怎么方便，就怎么走吧！"司机笑了笑，一边开车，一边愉快地哼起歌来。

看司机心情似乎不错，林蔚的心情也开始变好，她问："司机师傅，看你今天心情很好嘛，有什么喜事吗？"出租车司机笑得露出了牙齿："我每天都这样啊，因为我觉得自己很幸福。"

"为什么呢？"林蔚不禁问道，"不是听说最近开出租的收入都不太理想吗？"

"嗯，是这样，但即使再不理想，日子总是要过的，我大专毕业后，因为喜欢才选择了这个行业，虽然我现在并不富裕，但换个角度想事情，心情就不同了。况且上天待我不薄，用三年的辛勤劳动，我刚换了属于自己的车，而且我相信，不远的将来我会有自己的出租汽车公司，梦想一点点变成现实，这难道不值得高兴吗？"

他继续说着，脸上一直洋溢着笑容："其实我觉得，开车就像出来兜风，客人付钱请我一起欣赏风景，是件多让人快乐的事情啊！"

司机的情绪很快感染了沮丧的林蔚，他们聊得越来越投机，下车时相互留了联系方式，并很快开始了交往。

每次谈到自己的男朋友，林蔚总是一脸幸福："和一个能够制造快乐的人在一起，我的幸福感也被培养出来了。"

其实正是这样，幸福是一种需要培养的素质，当然，这种素质的培养除了来源于身边的人，自己的"修炼"也很重要，那么究竟如何才能养成幸福的习惯呢？

1. 倾听自己内心的声音

你有没有想过这样一个问题：假如每个人都希望自己成为傻

瓜，如果辩论的双方不再进行剑客般的相互攻击，而是你来我往地说着笑话，那么世界将会变成怎样？也许到了那个时候，我们都会看到对方截然不同的一面，很多时候，机遇是自己创造的，而幸福，同样也是。

2. 对每一天充满感激之情

只要你对身边的事物充满感激之情，时常对他人表达欣赏之意，那么你一定会得到相应的回报。当别人帮助你的时候，一句真诚的“谢谢”也许就是回报别人最好的方式，如果你能不断地发现令人欣喜的事物，进而和他人分享，那么不久后，他们就会意识到你的所作所为，并向你表达他们的感激之情。

3. 换个角度思考问题

有时静下心来你也许不难发现，很多人其实总是身在福中不知福，比如有人买彩票中了一百万，他却想：“如果没有填错那个数字，我中的就是两百万了。”假如始终抱着这种心态思考问题，想得到幸福恐怕难上加难。所以我们一定要时刻提醒自己，相比起别人，我们已经够幸运。试试使用这样的思维模式：以前我总抱怨自己没有好鞋子穿，直到一天，我遇到一个没有脚的人。

4. 尽量减少接触消极信息

假如有些信息无法帮你作出正确的决定，而只能让你感到痛苦，那么你一定要停止接收。很多时候，消极的杂志和媒体宣传节目，只能火上浇油，让你变得急功近利、盲目攀比，丧失对幸福的灵敏触觉。

5. 爱自己

一个连自己都不爱的人，是无权爱别人的，更无权得到幸福，因此你一定要相信自己的能力，正确认识自己，同时爱护自己的身体，吃好、睡好、玩好，只有这样才能更幸福。

失之东隅，收之桑榆

很多人都听说过“失之东隅，收之桑榆”这个成语，它是指在某处如果有所失，那么在另一处必定有所得。这句成语常常用来比喻在某一方面失败的人，在另一方面必定会取得成功。

这个成语其实还有一个典故，说的是东汉有位名叫刘秀的皇帝，历史上被称为光武帝，一次，他派遣大将冯异率军西征，打算踏平赤眉军，结果被赤眉军在回溪之地打得落花流水。冯异兵败后，召回散兵，令人混入赤眉军，然后里外夹攻，终于在渑池大破赤眉军。光武帝刘秀下诏奖励他，并告诉文武百官，虽然冯异最初在回溪兵败了，但最终能够在渑池获胜，尽管有失在先，却得到了最终的胜利，因此理应受到奖赏。

其实人生在世也如同打仗，无论是在事业还是在感情的战场上，失败都是在所难免的，而只有能够从失败中总结经验，重新站立起来并找到正确方向的人，才能从另一个方面获得成功。毕淑敏曾经说过这样一句话："人生一盘棋，落子之时即为选择和放弃之时，落子无悔，才是从容所在。"正是如此，假如一味纠缠在过往的失败中，或总犹疑不决，不知道应该如何去做，那么不仅这盘棋会输掉，下一盘依然必输无疑。

在某私立学校当老师的王慧，最近陷入了矛盾当中，原来王慧工作的地方和男朋友刘刚的工作地点不在一个城市，男友总催促她到自己工作的城市来，而她却不舍得放弃这份心爱的工作。

早在上大二的时候，因为相互倾慕，王慧和刘刚就开始恋爱了，两个人尽管不是同一专业，却有很多共同语言。然而卿卿我我、无忧无虑的快乐日子很快就过去了，眼看面临就业的时候，王慧却突然发现，因为男友刘刚的专业局限性很大，好多工作都无法应聘，而固执的刘刚，非得本专业的工作才肯做，所以找了很多单位都不如意。

因为成绩优秀，外语专业毕业的王慧找工作十分顺利，她很快跟自己心仪的单位签约了，并得到领导的赏识和学生们的喜爱。刘刚在王慧工作的城市四处奔波，折腾了小半年，却没有找到适合自己的工作，最后在亲戚的帮助下，找到了一个距离王慧所在的城市很远的小城把工作问题解决了。

两地分居当然不是明智的选择，王慧很清楚，刘刚无法在自己待的地方找到心仪的工作，而如果自己放弃现在的工作去找他，不仅要重新面临找工作的难题，而且在男友工作的小城，她再也无法找到像现在这么好的岗位了。然而刘刚却丝毫没有考虑到她的感受，总是一味催促，甚至威胁她如果不过去就分手。

看着昔日处处为自己着想，快乐相处的男友，如今变得如此自私自利，一点也不为自己考虑，王慧犹豫了很久，终于狠下心来放弃了这段感情。尽管也后悔过、心疼过，但她想到，如果始终放不下这份感情，不仅会让感情越来越淡，最终两败俱伤，而且还会因此而耽误工作和生活，谁也无法得到幸福。

重新回归单身的王慧更加努力地工作，并常常获得到外校交流的机会。一年后，在一次和其他学校的联谊活动中，她意外邂逅了自己的中学同学，在另一个学校当语文老师的李威，没想到李威居然暗恋了她很多年，并因为她而选择了在这个城市定居。经过一段时间的相处，王慧发现，李威是个为人大度、温柔体贴的男人，并逐渐爱上了他，两个人终于走入了婚姻的殿堂，而王慧也由于自己的正确选择，赢得了幸福。

在日常生活中，挫折在所难免，失败也是每个人必经的过程。根据相关调查显示，几乎很少有人第一次恋爱就能成功，也很少有人第一次的选择就是正确无误的，那么一旦发现自己的感情失败，或选择错误时，究竟应该如何去做呢？

1. 学会放弃才能获得“新生”

当你发现一段感情已经变质，或感觉力不从心，那么硬撑无疑是最不明智的选择，此时只有懂得放弃，明白自己究竟想要的是什么，才能获得更好的未来。这需要你从容应对来自感情上的考验，正确认识究竟是因为两人之间出现误会而引发危机，还是已经筋疲力尽，不想再继续。如果是第一种，就积极解决，尽力挽回，而如果是第二种，则必须当机立断，避免受到更大的伤害。

2. 放松心态，合理宣泄

每个感情失败的人都想大哭一场，这没有什么不好，反而是放松自己最好的方法。很多时候，只有彻底地放松自己，或发泄一下，才能更好地把烦恼放下，从中走出来，进而轻装上阵，重新开始一段旅程。

3. 学会从自己身上找原因

无论是生活和感情，还是工作或事业，失败都是有原因的，这种原因除了外界的客观问题，更多存在于自己的主观意识。很多在一次感情中失败的人，往往一不小心就会陷入另一段失败的感情，这完全是因为没有总结经验教训，也没有做好应对的准备方案。有些人可能会觉得，是自己运气不好，遇人不淑，当然偶尔一次遇到不好的人，可能是因为运气，假如接二连三遇到的人都有问题，那么你只有从自己身上先找找原因了。

4. 积极投入另一段感情

每个人都有拥有美好爱情的权利，每个人也都有选择幸福的自由，不能因为一次失败的感情，而将自己全盘否定，感觉一切都是自己的错，自己没有能力留住对方。当你从一段失败的感情中走出来的时候，最应该做的绝对不是自暴自弃，而是整理行装，重新上路，然后积极投入新的感情。

敞开心怀，你才可以得到另一份爱

有不少人，在感情受到挫折或遭到失败打击之后，抱着怀疑一切、推翻一切的想法，就此关闭心门，不再接受新的感情，还美其名曰：不想再次受到伤害。

其实，这是种十分不可取的方法，就如同把头埋在沙子里的鸵鸟一般，不仅会更加痛苦，还会因此而丧失机遇。要知道，无论是失败还是受伤，都只是暂时的伤痛，我们都知道，假如孩子因为跌倒而再也不肯爬起来，他将永远学不会走路，而作为成年人，如果在一段感情中久久不能自拔，对外界一再封闭，那么他将永远不可能得到新的恋情，也绝不可能拥有幸福。

任何人在付出一份感情的时候，都不确定是否能得到回报，真正的爱情，是不期待回报的，无论是谁先开始的追求，恋情一旦开始，就不要期待自己的付出会得到回报。尽管爱的感觉会让人幸福和温暖，让相爱的人忘记一切，但再美好的爱情也会有风险，谁也不敢保证这份感情能够存续多久，那么当一段轰轰烈烈的爱情结束时，你又该如何去做呢？

某份杂志曾作过这样一个调查：“当一段感情结束后，你是否可以完全接受另一段感情？”工作人员调查了年龄在20到30岁的不同阶层、不同学历的人，结果发现80%的人无法做到这一点。实际上，很多人在这一问题面前都会感到困惑，毕竟当我们真心地对某人付出很久之后，这种付出会慢慢成为习惯，再想改掉，就会变得很难。

几乎每个人都会有这样的感觉，无论是人还是物，相处久了总会产生感情，甚至形成习惯，这种感情如果放在恋人身上，则更不容易改变。当然，这是人之常情，毕竟人生的每一段感情都会在心里留下痕迹，或深或浅，或美好或痛苦。

然而随着时间的流逝，无论你是否淡忘，也无论这段感情是否刻骨铭心，过去的就是过去了，每个人都会有全新的生活，走向新的驿站，遇到另一段美好的感情。痴心的人，会在一段感情结束后深陷回忆之中，难以自拔；而明智的人，则会从过往的感情经历中得到成长，从而更加珍惜以后的人和生活。

从事市场营销工作的香香是个活泼开朗的女孩，从她步入市场部的第一天开始，所有人都将她当做快乐天使，就连跟她有过一面之缘的客户也会被她的乐观感染，这也让她赢得了好人缘和好业绩，几乎每次业绩评比，她都是名列前茅。其实几年前，香香却并不是这样。

刚从学校步入社会的香香，遇到了她生命中第一个男朋友，并很快和男友同居了。那个高大帅气的男孩几乎成了她生命中的全部，当时香香由于工作经验不足，在某个家电卖场作促销，待遇不高工作却很忙。每天下班，她都会急匆匆地从单位赶回租住的小屋，为男友准备晚餐，每天早上早早起床为男友做早饭，可谓贤惠至极。

开始的时候，男友对她关怀备至、呵护有加，也常常帮她做家务，并许诺一年后和她结婚。然而不到半年，男友开始厌倦了这样的生活，厌倦了她百依百顺的样子，也厌倦了没有挑战性的生活。本性不安分的男友开始在外面追求其他女孩，最初还瞒着香香不让她知道，后来居然明目张胆地将别的女孩带回家，并要和香香分手。

经历了痛彻心扉的挣扎和挽留，香香终于决定离开，很长一段时间，她都沉浸在自己的小世界里，每天以泪洗面，而且一度因为感情问题丢了工作，把自己搞得十分狼狈。死党玲玲看到她始终一蹶不振的样子，和她促膝长谈了一番。

玲玲说："为了这样一个男人搭上一年只能说可惜，还不算太遗憾，如果搭上一辈子就太可怕了！你的离开是明智的，但现在的状态却太不明智，为他伤心和颓废多不值得，你要总这样，不仅会让他笑话，还会耽误了自己，为什么不走出来，敞开心扉，勇敢地面对新的生活呢？只要你整理好自己，我相信更好的感情一定会在前面等你。”

听了这番话，香香顿时感到醍醐灌顶，她慢慢地振作起来，经过一段时间的调整，她换了一个新的环境，重新找到了现在这份新工作，并逐渐变得自信乐观起来。果然，玲玲说得没错，她不仅自己快乐起来，有了幸福的生活，而且很快收获了另一份爱。一个经常和香香所在公司有业务往来的小伙子，人长得帅气，工作能力也很强，在和香香的接触中，他不知不觉地动了心，通过一段时间的交往，两人很快建立了恋爱关系，并组建了自己幸福的小家庭，香香也重新沉浸在爱的世界中。

正是如此，一味纠结在过往的情感世界中，除了自我折磨，再没有其他用处，你只有积极地敞开心扉，才能赢得他人的友好和信赖，也才能得到别人的爱。有些人可能会问，谁知道下一个遇到的人，是否就是自己梦中的另一半呢？

当然，这存在一个概率的问题，你也许会在放手一份失败情感的同时，收获一份真正的爱情，也许会在一次失败后，再次选择错误的对象，但如果你不去尝试，没有勇气走出自己，就只能继续痛苦，甚至抱憾终生。

需要提醒一点，敞开心扉也是有针对性的，不管对方怎样，一味以诚相待也是不可取的，在经历过一次挫折后尤其要注意，千万不能因为赌气或找人取代等想法盲目地接受别人，这不仅是对别人的伤害，更是对自己的伤害。明智的办法是彻底将自己整理好，考虑好自己想要什么，然后再敞开心扉，选择自己感觉好的另一半，只有这样，才能拥有幸福的未来。

沉浸在失恋的痛苦中会失去重新开始的机会

每个活在这个世界上的人，几乎都会有至少一次失恋的经历，尤其是在年轻的时候，这种经历所带来的痛苦和烦恼，往往会产生长时间的困扰，甚至有人会终生不忘。古往今来，沉浸在这种感觉中的人不在少数，这正如古人所感叹的那样：“衣带渐宽终不悔，为伊消得人憔悴。”

不可否认，无论一个人的意志力多强，心态多好，失恋的痛苦在短时间内都是难以承受的，但即使再痛苦，过去的都已经过去，再多的憔悴和自暴自弃都不过是徒劳，毕竟很多时候，爱情都是有心栽花花不发，无心插柳柳成荫。

正所谓造化弄人，生命中总是有那么一道门，隔绝着你深深爱着的人，谁都希望自己的恋人能静静地听自己弹奏快乐和忧伤的旋律，再把掌声与悲喜远远传递，但往往总是事与愿违，对方不愿或干脆不听自己的演奏，甚至出现一些不和谐的音符。

既然不能两情相悦，相伴终老，那么必定会有人伤心，或者两败俱伤，当我们发现对方不合适或不再爱着自己，抑或由于种种原因两个人无法走在一起时，失恋的感觉就会涌上心头。一旦陷入失恋的泥沼，想要走出来就必须经过一段时间，需要一个过程，有的人很快会从中醒悟，开始新的追求，而有的人则长久沉溺于此，失去重新开始的机会。

很显然，第二种人会比第一种人生活得痛苦，因为始终沉浸在失恋痛苦中的人，不仅什么都得不到，还会将自己搞得狼狈不堪，甚至产生轻生念头，贻误终生。

林欢是一个十分随和的小伙子，长得不错，工作也不错，不久前，他认识了一个比他小六岁的名叫小美的网友。见面后，两人一拍即合，随即确定了恋爱关系。林欢非常喜欢自己的小女友，对她关怀备至，要星星不敢给月亮。没想到甜蜜的日子没过几天，小美就移情别恋，爱上了另一个比林欢家境好的男孩，这让林欢备受打击，终日郁郁寡欢，借酒消愁，甚至产生了轻生的念头。

很久没见林欢的哥们儿小志，偶然在路上遇到他，发现他十分憔悴，精神恍惚，于是拉他到自己开的酒吧散心。得知他失恋以后，小志拍了拍林欢的肩膀："哥们儿，天涯何处无芳草啊，你看你现在这样子，跟小老头似的，人家在外面寻欢作乐，你却悲痛欲绝。你看我酒吧里，每天来来往往多少女孩，世界上好女孩有的是，何必非在一棵树上吊死？"

听了哥们儿的劝说，林欢茫然地抬起头，沮丧地说："就我这样，有谁会喜欢啊？"小志继续说道："你总这样，就算有人喜欢你，人家也不敢说了。你跟小美也没谈几天啊，人家恋爱好多年，因为点事儿分手的也有的是，傻瓜才总为过去的事情埋单呢，聪明人都往前看，不走出来，还怎么重新开始啊？”

小志的一番话让林欢顿时醒悟。

其实失恋对任何人来说都是痛苦的，走出来也需要一段时间和过程，那么失恋究竟失去了什么，会让人如此难过？恋爱心理学家指出，失恋就是失去了相爱的人，失去了曾相互依偎的幸福时光，失去了两人共同憧憬的美好未来。一般来说，失恋往往分为这样几个阶段：

第一个是意外期。

当事人还沉浸在甜蜜的生活中，另一方却突然提出分手，这让当事人难以相信，有梦想瞬间破灭的感觉，如同无头苍蝇一样到处乱窜，不知方向，也不知该做些什么。此时，有些人可能会找到好朋友哭诉，或把自己关进屋子，每天不停地想对方为什么会离开，还有些人甚至会想到死。在这个过程中，由于意外的严重伤害，当事人会感到极大的痛苦和悲伤，难以自拔。

第二个是悲伤期。

在这个时期当中，有些人会勇敢面对现实，逐渐忘记过去、展望未来；有些人会选择打击报复、悲痛欲绝，作出过激反应。一般来说，心理调节较好的人会在较短时间内过上正常的生活，另寻所爱，重新步入爱河；而有的人则伤口愈合较慢，长期压抑自己，脾气暴躁，并将伤痛情绪传递给别人，始终沉溺在对过往感情的憎恨中，反复折磨自己。

第三个是恢复期。

任何处在恋爱中的人都不希望失恋，但感情不是一件东西，没有人能主宰它。既然失恋已经成为事实，那么坦然面对无疑是最好的办法。我们应该全身心地投入到新的生活当中，多参加户外运动，多和朋友交流，多接触新的事物，让自己不再沉浸在痛苦当中，让伤心的泪水越来越少。如果能遇到新的伴侣，应该及时改掉不足之处，重新开始新的旅程。

每个失恋的人都会经历这样三个阶段，其实人生当中，挫折在所难免，失恋也是遭受的挫折之一，无论是因为什么，在面对失恋困扰的时候，痛苦和悲伤都应该是暂时的，毕竟在这个飞速发展的社会中，爱来爱去的事情比比皆是，被迫出局有时也在所难免。但失恋并不可怕，受伤也不可怕，可怕的是自己内心的美好信念受到打击，变得扭曲。

正如一首歌中唱道：“恋爱中，有人被打倒，有人会长大。”其实正是如此，那些被打倒的人，无疑是不幸的，但这种不幸往往都是自己造成的，只有及时从痛苦的泥沼中脱身而出，努力丰富自己的生活，重新寻找快乐，开始新的生活，慢慢学会长大，才是面对失恋最明智的选择。

有一种爱情叫勇气

随着社会的不断发展和时代的不断进步，几乎所有年轻人都喜欢追赶时代潮流，尝试各种新鲜事物，享受各种新鲜刺激，甚至愿意为此而付出身心。对年轻人来说，这些行为并不值得提倡，但从某种角度来说，这也不失为一种勇气，一种只有年轻时候才具有的勇气和胆识。

然而对于爱情，很多年轻人，即使是喜欢不断追求刺激生活的时尚达人都不愿尝试，似乎爱情是一种附属品，而不是那么神圣和庄重，值得全身心付出的事情。其实，这些人并不是不想爱，而是不敢爱，不敢接受由于爱情所带来的悲伤和失落。

很多人会有这样的想法，只要去爱就难免受到伤害，无论男女，其实正是如此，都说恋爱是最好的老师，能够教会人长大，这话一点都不假。爱情的甜蜜谁都想要，但当爱逝去，人们往往会沉浸在对往事的回忆中，呆呆地回顾往昔，似乎只有那里才有世界上最明媚的阳光，最浪漫的玫瑰园，最开心的事情。

只要经历过这种感觉的人，大多都不想再去触碰爱情，不敢去爱，因为他们总担心自己会再一次受伤。实际上，不少人都没有发现，当你勇敢地走出记忆的迷城，回到现实中来，会发现一切并非你想的那样，尽管爱过的人已经远去，但总有人在某个角落静静等你，尽管他不具有那张曾熟悉的面孔，却更值得你去爱，去珍惜。

张新是一家律师事务所的在编律师，因为工作繁忙，领导为他委派了一个名叫丽丽的助理，两个人一起工作。由于朝夕相处，他们由同事逐渐变成了恋人。张新十分喜欢丽丽，并把她迅速发展成未婚妻，而且带她见了自己的父母。然而丽丽却始终有些心不在焉，相处半年多，一直不肯让张新去家里拜访。

一次，张新外出办事，突然发现前面一个挽着别人胳膊的女孩，走路的姿势很像丽丽，他开车超过去，发现果真是自己的未婚妻，于是下车质问她，丽丽支支吾吾地说不清楚，张新愤然离去。后来他才知道，原来在和自己谈恋爱之前，丽丽一直都有男朋友，而且双方父母都知道，之所以跟张新交往，是因为丽丽希望通过这层关系，保住这份工作，并争取进入编制。

得知真相的张新悲痛欲绝，自己的感情居然被别人无情地玩弄了，如果不是这次的偶遇，他还不知道什么时候才能发现。虽然自己心里依然放不下丽丽，但为了让自己尽快解脱，他主动申请去单位设在县城的小事务所作法律援助了，并希望借忙碌的生活忘记这段感情。

理智的张新并没有因为爱情受挫而忽略了工作，而是更加努力，他认真严谨的工作态度让同事们深深折服，工作能力也得到了上级的认可。只是两年过去了，张新的个人问题却始终没有得到解决。

有一回，张新到事务所领材料，材料处的吴大姐笑着问他有没有女朋友，张新苦笑了一下，如实说：“大姐，我可不敢再找了，再受骗一次，不仅工作受到影响，我的精神也会受到影响的。”

“小张啊，话可不能这么说。”吴大姐和蔼地拍了拍他的肩膀，“一次受骗并不意味着总会受骗，感情的事情，即使双方很真诚，最后会是什么结果也只能走一步看一步。你那么聪明，我相信别的我不说你也会明白的。”

“对了，我这里有个不错的电视剧光盘，你有空看看吧，说不定会对你有所启发呢。”张新临走的时候，吴大姐递给他一套光盘，他一看是韩剧，连连拒绝，但抵不住吴大姐的盛情，只得拿走了。

回到家，从不看韩剧的张新按捺不住好奇心，打开了光盘，没想到，这部《我的名字叫金三顺》的韩剧，不仅吸引着张新全部看完了，还就此改变了他的爱情观。故事里一位名叫金三顺的“草根”女孩，一点也不比他幸运，她不够漂亮，也不苗条，更没有可以炫耀的职位和身份，但是当她被帅气的男友背叛和抛弃后，却并没有就此被打垮，而是无比坚强、堂堂正正，以勇往直前的精神赢得了属于自己的爱情和美好生活。

看完这部片子，张新的脑海中久久回响着金三顺的话：“跳舞吧，就像没有人欣赏一样。唱歌吧，就像没有人聆听一样。工作吧，就像不需要金钱一样。去爱吧，就像从没有受过伤一样。”不久后，他意外邂逅了自己初中时曾暗恋过的同桌小美，并在倾谈中发现，原来小美也喜欢着他。就这样，两人有情人终成眷属了。

或许，每一个令你怦然心动的人出现，对于担心受伤、害怕被骗的你来说，都是一场灾难，彷徨无助或迟疑不前，分不清原点。但如果在夜深人静的时候，你能静下心来，轻轻默念金三顺说过的那句话“去爱吧，就像没有受过伤害一样，去寻找吧，就像幸福就在自己正前方一样”，那么，你将很容易从中获得勇气，并就此开始自己新的爱情之旅，也许，你的真命天子或公主，正站在下一个路口等你。

有些人可能会觉得，不去爱就不会受伤，正如很多事只要不去尝试，就不会遭受失败的打击一样。当然，怕爱而不敢爱的人，担心危险而不愿冒险的人，一生中的确能避开很多痛楚和麻烦，也可以得到较为安全的未来和安定的生活，但生命并不在于你规避了多少危机，而在于你感受了多少经历；生命的意义也不在于你有多少呼吸的气息，而在于你有多少令人屏息的时刻。

所以，作为年轻人，我们必须相信，勇气是获得真正爱情的必备武器，有一种爱，只有拿出勇气，才能真正拥有。

关上一扇门，打开一扇窗

我们都知道，美好的人生如同一场充实的梦，灿烂的生命犹如一株生机勃勃的太阳花，它不仅需要呵护，更需要不断历练，因此，日常生活中所不断涌出的挫折，其实是它最有用的养料。

人生在世，难免会有不得志的时候，每个人都会经受不同的挫折，关键是如何对待它，巴尔扎克曾说过：“世界上的事情永远不是绝对的，结果完全因人而异。苦难对天才是一块垫脚石，对于能干的人是一笔财富，对于弱者则是一个万丈深渊。”这句话，放在爱情的世界中，同样奏效。

其实在任何时候，任何事情，都不会有绝对的好坏之分，都有不同的角度。我们都知道黛玉葬花是件无比凄凉的事情，但反过来想想，花儿虽落，却能为下一代提供养料，让下一代更灿烂地开放，难道不是件好事吗?

上帝是公平的，如果他关上了你的一扇门，必定会为你打开一扇窗。很多时候，放弃也是得到的一种，如果你放弃一次追逐利益的机会，也许就能收获一份纯真；如果你辞掉一份难以继续的工作，也许会接触一个心仪的行业；如果你失去了一份心已不在的感情，那么也许，下一段美好的恋情正在静静等你。

也许是如今的物质条件日益丰富的缘故，如今越来越多的人在心理上开始变得脆弱，经不起一点打击，一有不顺心的事情就会郁闷、烦躁，甚至崩溃，实际上大可不必。在面对某事时，只要乐观一点，就会发现，这方面少了，那方面自然会多，所以并没有损失什么。经常有人说这样一句话：“情场失意，赌场得意。”其实正是这个道理。

很多时候，只要你多角度地考虑一件事，就能感受到更多，认识更多，也考虑到更多，因为无论上天给了你多么严峻的考验，都会补偿给你一个微笑的理由，只是这需要你去用心寻找。

在一次访谈节目中，一位名叫吴静的女嘉宾谈到自己的经历：

“前段时间，我和相爱七年的男朋友分手了，这让我十分痛苦。后来，他和别的女人登记结婚的消息让我久久不能释怀。相爱七年，无论对他还是对我，都是伤害，也许我们命中注定没有缘分，他能够自如地放下感情和别人结婚，而我却不知道该如何去做。”

在主持人的询问下，吴静说起了两人分手的原因，其实很简单，她是个乙肝病毒的携带者，有转为炎症的可能性。七年来，男孩的家庭始终反对他们在一起，这让吴静感觉十分委屈，于是到了远离他所在城市的地方工作，而他无法放弃一切跟随而来，两人的感情就这样结束了。

吴静说：“七年来，无论我做什么，他家人的态度始终没有任何改变，我绝望了。尽管说感情是两人的事情，但婚姻却是两个家庭的事情，为了远离反对我们的父母，我选择了到南方一个小城市的国企工作，幻想他能选择我，但最终他没有，就像我当初没有委曲求全一样。说实话，我不恨他的家人，因为这是人之常情，谁也不愿意让自己的独子娶一个有病的女孩。但这段恋情让我清醒，同时感到绝望，我不想再恋爱了，也不想结婚了，因为我不想一辈子看着别人的脸色过日子。”

听到吴静的陈述，主持人一度沉思，然后告诉她：“生病并不是你的错，身体的疾患也不是你就此关闭心门的理由，但这并不妨碍你追求爱情，也不会对你的人生有太大影响。”

“你的经历让我想起了一个很久不联系的前同事。”和蔼的主持人微笑着继续说，“有个寒冷的冬日，他喜气洋洋地来撒喜糖，说是妻子生了宝宝，我们马上恭喜他，然后问他男孩女孩，几斤几两，在哪个医院，打算抽空过去看看。结果他笑着告诉我们：‘是个女孩，但不太方便过去，她们所在的医院很远，因为我妻子是乙肝患者。’那是我第一次知道，乙肝妈妈是需要到特定医院生孩子的。”

主持人看着吴静说：“让我印象最深的，并不是他的太太生了孩子，而是他的坦然。他说到妻子的乙肝就像我们说到脾气，都是传染病，病程都很长，也都很难治愈，而且都有可能影响家人，但一般来说，这些都不致命。”说完她笑了，吴静也笑了。

“其实在我国，有十分之一的人都是乙肝病毒的携带者，显然，这些人中绝大多数都是要结婚生子的，他们的婚姻是不是幸福？至少我讲过一对幸福的，那么，为什么下一个女主角不可以是你呢？当然了，你的前男友没有错，他家人也没错，毕竟婚姻是一件跟经济、感情、性价比息息相关的事情，就像你不肯迁就他一样，他也不肯迁就你。不要再称呼他为‘我爱的男人’，因为他仅仅是你爱过的男人而已。”

说到这里，主持人突然说：“我很不认同你那句‘我不想再恋爱了，也不想结婚了，因为我不想一辈子看着别人的脸色过日子’。你当然没必要看着别人脸色过日子，因为没有人会强迫你嫁给一个嫌弃你的男人，相反，如果他不能接受，你自然可以转身就走。只是，一定会有一个了解医学常识，也不见得会对生活有多大影响的男人，就像我前同事那样坦然。因此你一定要相信，上帝让那个不够爱你的男人跟别人结婚了，就一定有一个能够爱你的男人，正在准备出现。”

其实，主持人的话十分中肯，确实如此，无论男女，在生活中都会遇到类似的难题，对方突然不爱你，或因为某件事的互不妥协离开了彼此。然而这并不是上帝在暗示你：你没有资格得到幸福。而是他给了你另一个机会，一个寻找更好归宿的机会，因为他一定会在关上一扇门的时候，为你打开另一扇窗，让你看到更多更好的且完全不同的风景。

不要失落！失恋有时也是一种收获

看到这个题目，很多人可能都会说："有没有搞错啊，失恋怎么能称为收获呢？我明明那么痛苦。"很多事情，只有经历后才能懂得，在感情的世界里，只有痛过，才会知道如何保护自己；傻过才会懂得适时地坚持与放弃，在得到和失去中慢慢认识自己，了解自己。

从这样的角度来讲，失恋确实是一种收获，泰戈尔有句名言是这样说的："如果你因错过了太阳而流泪，那么你也将错过群星了。"这句话放在感情中也是一样的，如果你一味沉溺在爱情的失去当中，一味想着失去，那么你将不仅失去这一份爱情，还失去得到其他爱情的可能，而你如果能从这次的失败中获得启发，直面真实，那么失恋就会成为另一种收获。

不可否认，失恋是失去的一种，其实很多时候，失去并非坏事，只有失去了才知道珍贵，因为失去是不易诉说的，是心底的灰暗，也唯有这种灰暗，才能反衬出生命的明亮。在人生的旅途中，酸甜苦辣各种滋味都是必须品尝的，如果可以留心人们平常在琐事中的淡漠表情，就会发现，大多数人的心中都隐藏着些许的寂寞和希望，寂寞之中包含着失去，而失去往往是每次希望的开始。

当然，失去不仅仅是遗憾，更多的则是对人生的一种体验，一种神圣的体验，也是唯有失去才能获得的体验。相信很多人在静思时，对失去都有另一种感慨，它是人生的一种际遇，回味它是一种景观，享受它则是一种境界，在体验和回味之余，失去在我们心里也就有了另一种理解。

曾经听过这样一个故事：从前有位国王，他拥有七个女儿，这七位漂亮的公主是国王的骄傲，她们那乌黑亮丽的长发也是远近皆知。为了让女儿们更加美丽，国王让世界上最巧手的工匠为她们分别定制了一百个漂亮的发卡。

一天早上，大公主醒来后，一如往常地用发卡整理秀发，却发现少了一个发卡，于是她偷偷地跑到二公主的房里，拿走了一个发卡；二公主发现发卡少了，于是到三公主房里拿走了一个发卡；三公主发现自己的发卡少了，也偷偷地拿走了四公主的一个发卡；四公主、五公主、六公主纷纷如法炮制，于是，七公主的发卡就只剩下了九十九个。

第二天，邻国英俊的王子突然到访，他对国王说："昨天我养的百灵鸟叼回去一个发卡，我想它一定是属于某位公主的，这真是种奇妙的缘分，不晓得哪位公主掉了发卡？"

六位公主听到这个消息，都想说："是我掉的。"但她们头上明明完整地别着所有发卡，所以都很懊恼，只有七公主缓缓地走出来说："谢谢您，发卡是我掉的。"

话刚说完，她一头漂亮的长发因为少了一个发卡而全部披散下来，这让王子不由得看呆了。

故事的结局很俗气，自然是王子和七公主从此过上了幸福快乐的日子。但这个故事却告诉了我们，有些时候，失去并不意味着你损失了什么，也许它正意味着你从另一个角度的收获。在这个世界上，有很多人一有缺憾就拼命想要补足，正如故事里的前六位公主，发现自己的发卡遗失，马上想要补足，殊不知，这种失去恰恰是上帝给你的机会，让你得到更多。

其实一百枚发卡，正如完美圆满的人生，少了一枚，这圆满就有了缺憾，然而正是由于这种缺憾，未来有了无限的转机和无限的可能性，这何尝不是一件值得高兴的事呢？在爱情的海洋中，一次失恋，也是一次缺憾，而这种缺憾所带来的除了伤痛，还有无限机遇，除了低落，还有更多收获。

从另一方面讲，失恋，仅仅证明你真正爱过，因为如果没有真正爱过，自然无所谓失恋，要知道，在这个世界上，一辈子没有爱过别人的人大有人在，恋爱是一次已经完成的选择，而失恋所面对的则是即将到来的重新选择。恋爱是对一个人的选择，而失恋是对一些人的选择，只要你在已经相识或即将相识的人中，找到一个能够与你彼此心心相印的人，你就可以回过头来对岁月说：“谢谢，我庆幸那次失恋！”

实际上，失恋过的人或正在失恋当中的人，悲伤在所难免，但时过境迁，静下心来想想，失落是没必要的，也许那个真正能够使你幸福的人，就在不远处等着你。

当然，谁都不能否认，爱过的心是脆弱的，每个尝过失恋苦果的人都很害怕下次的背叛，但人总要往前看，人生中，没有谁会永远失败，能够相识、相知、相爱，就是一种缘分。如果你幸运地得到这份缘分，那么就要好好珍惜，好好把握，让自己生命中重要的另一半幸福，但如果无法走到最后，也要看得开，不要太过牵强，也不要就此伤心失落，毕竟你在失恋中收获了很多，就此懂得如何去爱，怎样去付出！

不能不说，失恋也是一种收获，就算失恋了，也没什么大不了，在失恋到来的时候，千万别过多自责，也别怨恨对方，更不要舍不得放手，毕竟，爱是双方的事情，只有两个人都全身心地投入，才能产生感情并让其得以升华，享受到幸福和快乐。当然，想要从失恋中得到收获，更重要的一点，是要迅速从痛苦的回忆中走出来，重塑爱的信心，毕竟一切不可逆转，你所要做的，只是笑着对曾经的幸福说："谢谢，谢谢你曾经和我一起走过……"

别让恐婚症害了你

随着年龄的逐步递增，很多适龄青年，甚至大龄青年，都面临着结婚这一不可避免的话题。似乎从某天开始，身边的所有人突然都成了催婚使者，父母的催促，朋友的热心，甚至连办公室里的大妈、大姐都赶上来凑热闹："你怎么还不结婚？要不，给你介绍一个？"

无可厚非，结婚是每个适龄的年轻人不得不面对的问题，无论你是否谈过恋爱，也无论你是否打算恋爱，到了一定时间，不管你愿不愿意，身边都不乏催婚之人，连媒体上也开始打造种种相亲类节目，并宣称："春天来了，毛毛虫恋爱了，蝴蝶结婚了，小鸟同居了，连青蛙也生小蝌蚪了，你还等什么呢！"

然而由于种种原因，很多人到了结婚年龄，却迟迟不敢走入婚姻的殿堂，这究竟是为什么呢？

有媒体曾对25至35岁的未婚者进行过这样一个调查，题目是这样的："你为什么不肯结婚？"没想到，同样一个"不结婚"，调查中的回答却五花八门。

有人说："我一个人过得挺好，也很享受这种状态，为什么要找人来掺和我的生活，了解我的行踪呢？好不容易摆脱了父母的控制，怎么会再给自己找个镣铐？再说了，我现在的生活状态就很好，不断结识新鲜的面孔，体验自由和爱情的甜蜜，干吗要遭那份罪？与其结婚离婚地瞎折腾，还不如独善其身，多一事不如少一事。”

还有人说：“婚姻是件让人抓狂的事情，因为它是爱情的坟墓，女人一旦进入了婚姻就会成为黄脸婆，哪天男人不乐意了，领个年轻的小三回来，到时候哭都没地方。我认为只要享受浪漫的爱情就好，没必要非得结婚，我喜欢恋爱，也有伴侣，但我不会结婚的。”

有人说：“我哪还敢结婚啊，前几年交了个女朋友，都领证了，眼看要举行婚礼，她突然成了逃跑新娘，我再经不起这样的折腾了，一个人过挺好的。”

还有人说：“你可以跟我调情，但千万别跟我提结婚，否则，不是你消失，就是我消失。我这样说当然是有原因的，我从小就在父母相互争吵和谩骂中长大，最终他们筋疲力尽地领回了离婚证书分道扬镳，我可不想有这么一天。”

……

有以上这些恐婚想法的人不在少数，爱情是件美好的事情，但婚姻却让人忍不住发憷，尤其是那些有过婚恋失败史的人，更是“谈婚色变”。甚至不少人觉得这个世界上没有多少值得信任的伴侣，大多都虚情假意，不可信、靠不住，最终心灰意冷，对获得真爱失去信心，不敢再去爱或接受爱，感到十分苦恼。

29岁的周玲在一家大酒店做领班，对于婚姻，她有着说不出的感觉。出生在河南农村一个富裕家庭的周玲，有着不同常人的经历。儿时的她漂亮乖巧，家庭殷实，父母对她也是宠爱有加，可以说，她拥有一个无比幸福的童年。然而17岁那年由于一次经济危机，父亲因破产而自杀，母亲就此病倒，周玲不得不从镇上的千金小姐变成一个家徒四壁的可怜女，为了供弟弟上学，她不得不主动辍学，担起养家的重任。

因为长得漂亮，在饭店做服务员的周玲常常会受到客人和一些小混混的骚扰，这时一个名叫刘坤的男人出现了。他是当地黑社会有名的狠主，打架不要命，很多人都怕他，但他唯独对周玲好，经常关照她，而且从不冒犯。有了刘坤的照顾，周玲的日子渐渐有了阳光，周玲也慢慢爱上了这个看上去很酷的男人。

但让她想不到的是，当这个男人占有了周玲的身体之后，慢慢厌倦了她，不仅过去的温柔和体贴不见了，而且动辄打骂，彻夜不归，甚至带着别的女人公然到她住的地方留宿。她想提出分手，却招来一顿毒打，可怜的周玲又过起了暗无天日的生活。直到刘坤因为抢劫和盗窃被公安局抓走，她才得以重获自由。

从魔窟逃脱的周玲离开了那个城市，到南方打工，七年间她遇到了很多对她表示好感的人，但都因为以前的经历，不敢说爱，更不敢谈婚论嫁了。每当有男人向她求婚，她就心乱如麻，刘坤对她的种种伤害都会浮现在眼前，一想到有可能会跟这个人走进婚姻，她就浑身发抖，想呕吐的不适感迅速袭来，她只得赶紧逃走。

其实无论任何人，遭遇一段伤痕累累的感情后，都会对人性和爱产生怀疑，并由此引发心灵伤痕和种种负面情绪，但摔倒了并不可怕，只要自己重新站起来，学会宽人，学会恕己，树立起阳光心态，依然能够获得真正的幸福。那么究竟如何去做，才能彻底摆脱“恐婚”的情绪呢？

1．改变你错误的观念

每个人都会在成长的道路上遭遇挫折，也都会经历感情的波澜起伏，但一次失败的爱情并不代表你人生的失败，更不应该成为你重新获得幸福的障碍，所以你一定要记得：不是每首情歌都是忧伤的旋律，也不是每段恋曲都会以失败告终。天下并非没有好的伴侣，只是你恰恰遇到了不好的一个，你所否定的，只能是那段感情，那一个人，而不应该是爱和美好的生活。

2．别丧失爱的信心

在日常生活中，不少人有着与周玲类似的际遇，也有着和她相像的想法，但逃避永远不是解决的办法，即使永远不结婚，心结也是难以打开的。因此最聪明的做法应该是以积极的心态看待自己曾经的感情经历，相信自己不仅仅只会遇到那样恶劣的人，利用自己的智慧来挑选一个值得托付终身的人，并相信自己的眼光，只有这样才能真正走进幸福。

3. 建立强大的精神世界

所有人的安全感都是自己给自己的，靠别人不如靠自己，只有自己独立强大了，才能坚强地面对外界的风吹雨打。此外一定要认识到，婚姻是两个人共同经营的事情，而不是一方积极努力，另一方备受左右，因此不要有恐惧心理，即使结婚了，双方也并非彼此的附属品，结婚自由，离婚也是自由的，想爱就继续下去，不想爱则可以冷静地提出分手。总之，只有将自我修炼到强大，完善好自己的性格，才有能力为自己和对方带来幸福。

在这个世界上，尽管有着形形色色的人，但终归还是好人多，重情重意的人多，否则我们就没有办法去解释为什么很多夫妻那样恩爱，很多家庭那样幸福、美满。所以，有着恐婚念头的人，一定要努力走出往昔的情感误区，勇敢地面对，敢于去爱，敢于接受爱，别让恐婚症害了你。

Chapter 4

家是一个不容拒绝的场所

怎能不相信家人的爱

很多人都曾听说过这样一句话：“即使你对全世界都产生了怀疑，也不要不相信家人的爱。”其实这话一点也不过分，因为在这个世界上，没有谁会比家人更爱你，也没有人会比家人更在乎你，时刻关注你。

一些刚结婚不久的夫妇，常会有这样的困惑：“从结婚后，他就处处防范，一点也不信任我，我做什么他都觉得是在害他，既然这样，当初为什么要结婚呢？”

其实有这种想法的人不在少数，如今，随着社会上的信任感缺失，几乎所有人都陷入了信任危机，不仅不相信同学、同事、朋友、亲人，甚至连自己的家人也不相信，总觉得似乎所有人都会害自己，别人做什么都会怀疑其有不良目的，以至于触及了婚姻的红灯。

王曦原本有一个幸福和睦的家庭，丈夫大她15岁，时刻对她呵护备至，无论是生活还是为人处世上都很少让她操心，而且事业上小有成就，对此王曦十分满足。结婚三年他们拥有了自己的儿子，王曦在家照顾儿子，相夫教子，一家人其乐融融，小日子过得也有声有色。

然而好景不长，儿子三岁后送入了幼儿园，本科毕业的王曦不想长期当全职太太，于是找了一份对外交流的工作。开始的时候，丈夫很支持，也希望她能到处走走，接触一下外界。但去年九月份，王曦去国外培训归来后，老公却变了脸，总是怀疑她在国外找了男人，她多番解释，甚至请一同出国的同事证明，也无法扭转老公对她的怀疑。

不仅如此，从那之后，王曦只要回家的时间稍微晚点，两人就会发生争吵，老公的猜疑让他们俩的感情日益冷淡，不料此时，他们的宝贝儿子突然患上糖尿病，小小年纪就必须要靠注射胰岛素维持生命，可怜的王曦一边面对老公的无端猜忌，一边还要照顾生病的儿子，身心疲惫。但是为了给孩子一个完整的家，她一直维持着这个没有信任的家，不知道何时才是尽头。

一直深陷苦恼之中的王曦找到身为心理医生的老同学文心倾诉，她无比委屈地说："到底是怎么了，我哪里做的让他感觉到我背叛他了呢？他的态度发生如此大的转变。"老同学文心详细地了解了整个事情的经过，温和地告诉王曦：

"你的感觉和痛苦我都能理解，也许你内心并没有多想，但有些时候，你的一些行为，可能会对你老公产生一定影响。要知道，你那么漂亮，又那么有能力，现在正是事业的上升期，而他却一天天老去，无论是身体还是精力可能都不如原来了，如果你不经意地冷落他，在他心里肯定会激起一些起伏。刚刚你也说，从那次较长时间的出国开始，你丈夫开始跟你产生隔阂，其实如果不是那件事，也许你们的感情还会一如往昔，所以在一般情况下，如果不是工作上必须的，尽量不要远行，更不要去太长时间，如果非得去，也最好能征得他的同意。在外出的时候，要保持联系，通过多种方式传达自己的关爱，以此来赢得他的信任。”

王曦若有所思地点了点头：“你说得对，就是因为那次远行，单位通知得匆忙，我去之前把儿子送到他姥姥家，然后只给我老公发了个短信。到了国外工作一直忙，很少往家里打电话，可能就是因为这个，他对我产生怀疑了，看来这事儿是我做得不对。”

“当然了，你丈夫也有问题，对他来说，对伴侣的充分信任是爱和自信的表现，因为他不够自信，所以对你胡乱猜忌，捕风捉影，这些都是他的不对，如果他还爱着你，就不应该胡乱猜疑。这一点，我想你们如果能好好沟通一下，会有所改善的。这跟你们俩的缺乏沟通有着很大关系，你觉得他不信任你，所以赌气不理他，而他更觉得你不爱他，所以更加不信任你，然后矛盾越来越多，就到了现在这样了，你说对吗？”

对于文心的话，王曦感觉字字在理，回家后，王曦找老公好好沟通了一次，开诚布公地说出了自己对他的爱，并表达了自己感觉到老公不信任之后的伤心和失望，看到王曦的诚恳，老公也说出了自己的真实想法，其实他并不是不爱王曦，而是爱得太深，眼看着她越来越优秀，马上就超过自己，太担心失去她，再加上她一心扑到工作上，不由自主地忽略家庭和孩子，更让人觉得她已经不在乎这个家了……

两人沟通之后，很快和好如初，儿子的病经过精心调理慢慢好了起来，小家庭也逐渐恢复了温馨和睦的氛围。

其实，在婚姻和家庭当中，信任是夫妻相处的最根本条件，也是最重要的基础，因为夫妻不仅仅是要一起生活，同时也是关系最亲密的亲人，只有相互信任才能培养亲情。那么如何才算彼此信任，怎样才能做到相信家人呢？

1．别把相信家人当成一句口号

相信家人，必须要放在实际行动中，相信对方，就要做到不猜忌，当家人晚归时，送上理解和关心，不过多询问家人在外的细枝末节，将家人当做一个有独立人格和自尊的人来看，相信他的道德修养和自我控制能力。当你做到这一点的时候，不仅内心会变得更加坦然，还会收获对方的信任。

2．营造温暖的家庭气氛

想得到信任，必须要先赢得家人的理解和尊重，这样才不会有不安全的感觉，如配偶和子女都应彼此相爱，相互关心，相互爱护，时刻送上温和的语言，在遇到难关的时候，共同努力，克服困难，让家成为充满爱的温馨港湾。

3．经常进行情感交流

这包括父母间的情感交流，两代人之间爱的传递，主要通过动作、语言、表情、文字等方式，让家庭的每个成员都拥有积极乐观的情绪，在和家人的交流中感受到爱的存在，在这种氛围下，每个人都会理解并相信家人的爱，并将这种感觉传递下去。

在家庭生活当中，我们一定要相信一点，与其让猜忌充满你我之间，不如给彼此一份信任，相信家人的爱，坦诚地接受家人的爱，当我们彼此信任时，不仅感情会因此而更加浓厚，亲情也会变得更加浓郁，只有这样，才是一个幸福的家，才能感受到源自家的温暖和爱意。

沟通也许很困难，但这不是关闭心门的理由

我们都知道，沟通是传达意图给别人，并为别人所觉知到的行为，这种行为可以是语言或非语言的，只要能够传达意思，就是沟通。人与人之间最重要的交流无疑是沟通，仅靠猜测，谁也无法获得源自对方的真实信息，而只有相互沟通，才能知道对方的心里所想。

由此可见，在家庭当中，夫妻之间不能没有沟通，我们经常见到的是夫妻关系基本感情很好，但在相互沟通和交流上却出现一些问题，进而影响到彼此的关系。也许有人会立刻反驳：“怎

么沟通啊，每次想要沟通都会吵起来。”“我们根本说不到一块儿去，还是不说比较好。”

其实这不是个案，而是大多家庭存在的问题。当然，夫妻之间没有沟通显然是不可能的，但通常会存在一些沟通上的小问题，引发沟通困难，即便如此，这也并非就是关闭心门、拒绝沟通的理由。几乎每对夫妻在恋爱阶段，总会更多看到对方的优点，而在结婚之后，一起生活的时间久了，缺点逐渐暴露，矛盾就此出现。

让我们先来看一看沟通对夫妻的作用：首先，它能够相互传递信息，让对方知道发生了什么事情，共享和面对所发生的事情，进而感到夫妻是一体的；其次，它是征求、表达意见和商量解决处理问题和事情办法的根本途径；最后，它是随时让对方知道你对他的感情，表白你的欣赏、喜爱和专情，进而巩固和升华夫妻感情的重要步骤。很多时候，虽然感情上的表达并非仅靠口头说话，从表情、动作或其他非语言的表达上也能展示，但有些时候直接称赞自己的配偶，表示爱慕，无疑是让人受用的方式。

既然沟通对夫妻间有如此重要的作用，那么为了婚姻的稳固和家庭的和睦幸福，我们必须要将此发扬光大。然而很多时候，往往事与愿违，把原本好好的沟通变成战争的导火索。

丈夫出门前，妻子嘱咐他“下班早点回家”，但丈夫却依然晚回来了，妻子想：“我明明告诉他早回来他却不听。”于是无比愤怒，转而指责他的行为，而丈夫未必接受这种沟通，他仍可能很晚回家，这就加剧了他们之间的矛盾冲突。久而久之，妻子会认为对丈夫说话不过是对牛弹琴，没必要再说，进而放弃沟通，而丈夫则觉得在自己的字典中，回家的时间并不算晚，是妻子不可理喻，从此关闭心门，更加沉默。

几乎所有夫妻，都会在沟通的时候感觉到困难，尤其是随着恋爱时的激情退却，当初的很多心照不宣和心有灵犀似乎也渐渐消失了踪影，很多婚后的夫妻常说："那还用我讲吗？"以为对方能够理解自己的言外之意，并遵照自己的意思去做，却常常以失望告终，实际上，假如妻子感觉丈夫回家太晚，最好直接告诉他几点回来，而不是仅仅嘱咐他："早点儿回来。"

事实证明，在夫妻间沟通的最大困难，往往在于彼此认为用不着说清楚，对方就应该明白，只要心领神会即可，其实越是自己人越需要常交谈，表明意思，分享感受，否则，婚姻的红灯一不留神就会亮起来。

一天，有位年轻漂亮的少妇找到心理咨询师，倾诉自己的苦恼，她说："我和老公婚前的感情一直很好，他对我也非常好，但结婚后，他的话越来越少，对我也不那么关心了。最近我发现他常常背着我跟别人打电话，一次被我听到，对方居然是个女的，问他也只说是个普通朋友，我很怀疑，然后去查了他们的通话记录，发现每次都好几个小时，但确实没发现他们做什么出格的事情。我就是不能接受，他跟我一个礼拜都说不了那么多的话，怎么跟外人有那么多可聊的东西呢？"

通过了解，咨询师发现，这位漂亮的少妇学历比丈夫高，工作比丈夫好，经常给外人一种屈就的感觉，久而久之，她在丈夫面前也有了一种优越感，时常以自我为中心，处处要求丈夫听她的，甚至在外人面前随意打断丈夫的话，这让原本就感觉自卑的丈夫变得越来越沉默，所以在外面找了个红颜知己。好在丈夫心里还是爱着她的，所以从来没做过什么出轨的事情，只是在对她的态度上，越来越冷淡了。

经过咨询师的开导，少妇认识到，丈夫之所以成了现在的样子，其实都是自己的缘故，由于她对丈夫缺乏足够的尊重和耐心，丈夫才会到外面寻找知己。了解了这一点，她开始主动跟丈夫沟通，承认自己的错误，在得到丈夫的原谅后，她也对丈夫找知己的事情表达了自己的想法，不是不可以，但不能影响到家庭生活。一段时间后，她发现丈夫对她慢慢热情起来，跟知己的通话明显减少，这件事之后，他们重新认识了彼此，并更加珍惜这段感情了。

其实生活就是这样，你说它有多复杂它就有多复杂，你说它有多简单它就有多简单，而真正掌控生活的，正是我们自己，家庭也是这样。为了让我们的生活更加和谐，伴侣间的感情更加融洽，无论多难，沟通都是必须要做，且必须积极主动去做的事情。当然在沟通的时候，还要注意一些方式和方法，以下几点，值得我们共同借鉴：

1. 先对对方的感受表示理解

当我们想对伴侣提出建议和要求的时候，先要对伴侣的感受表示理解和认同，比如：“我知道你很累，但我希望你把自己的衣服放在固定的地方。”这种沟通方式，会更容易让对方接受。

2. 注意就事论事

无论两人的谈话到达什么程度，如果你不想吵起来，就一定要注意就事论事，不要把对其他事情的不满一并说出来，切忌“你一贯如此”、“你总是这样”等类似的语言。

3. 让对方了解你下一步的建议

沟通的目的无非是解决问题，而不是引起争执，所以在表示不满的同时，要注意提出你对下一步的建议，比如：“你回家晚了也不打电话，我很担心，下次最好能事先通知家里一声。”把埋怨变成希望，这会让他感受到来自你的关心，同时接受你的建议。

对夫妻来说，过多的争论和指责只会伤害感情，起不到任何好的效果，而逃避沟通无疑是让矛盾加剧，甚至将对方往外推的行为，所以无论你对沟通多么犯怵，也不能因此而关闭心门，拒绝交流，只要掌握正确的方式方法，把自己的意图委婉地表达出来，相信一定会事半功倍。

在想说之前先去倾听

随着社会交往的进一步发展，如今不少人都已经意识到，倾听是有效沟通中极其重要的一部分，有时它的效果甚至会大于说话，为什么这么说呢？让我们先来看一下倾听的概念：倾听是指凭借听觉器官接收语言信息，进而通过思维活动达到认知和理解的过程。当然，倾听不仅包括用耳朵听，还包括文字交流、眼神沟通等。

在日常生活当中，如果倾听者能够先通过以上的渠道和方式，了解到倾诉人的真实意图，然后予以沟通，要比开始时就表达自己的意愿所获得的效果好得多，这也是为什么造物主会让我们拥有两只耳朵，而仅仅有一张嘴的原因。不仅如此，嘴的功能还有呼吸和吃饭，而耳朵则只用来聆听，所以我们更要少说多听。

专家研究发现，在通常情况下，人际交往的成败与否，并不在于我们说话的时间长短，而在于我们应该说些什么，也就是说，在沟通当中的很多时候，之所以会失败，往往是由于我们说话的失误而引起的，而说话失误，却大都是由于我们听得少或根本不去听。

我们不难发现，生活中常常会出现这样的场景：有人喜欢在别人没有说完的时候，着急发表自己的意见，结果却与事实相左；有人在和别人交流时心不在焉，以至于没有听出别人的言下之意；当对方犯错时，不给人家解释的机会，一味指责，不顾及对方感受……

这些人无疑是不够明智的，因为没有谁愿意跟这样的人交流，当然也没有人喜欢和这种人做朋友，一旦步入婚姻，这种只希望别人听自己的，而拒绝倾听他人想法的人，必定会处处碰壁，甚至让婚姻触礁。

王欢一直有着很强的优越感，他是家里的独子，家境很好，小时候学习成绩也始终遥遥领先，大学考入了国家重点工程学校，毕业后又顺利地进入了一家外企，并凭借自己的能力很快攀升到了中层领导的位置。不到30岁的他，俨然成为人人称赞的成功人士。

经人介绍，王欢认识了在一家知名广告公司做营销策划的万芳，他很快爱上了温柔可人、聪明乖巧的万芳，而万芳也为他的优秀所折服，两人很快谈起了恋爱，并在家人的督促下，步入了婚姻的殿堂。

然而，两个人甜蜜的日子并没有过多久，因为在一些事情上的看法和见解相左，两人之间很快出现了矛盾。家境殷实的王欢花钱一直大手大脚，而从普通家庭走出来的万芳虽然待遇不低，却一直比较朴素。

结婚周年纪念日那天，王欢想给万芳一个惊喜，于是花了大半个月的工资，为她买了一件昂贵的毛衣。但当他兴冲冲地回到家，却发现妻子并没有想象中那么高兴，尤其是得知了价格之后，更表现出了忧郁的神情。看着自己的好心没有得到妻子的认同，王欢很窝火，但想到是结婚纪念日，就压了下来，两人准备出去吃饭，又在选择用餐标准上出现了分歧，王欢觉得难得遇到这样一个日子，要选个好些的地方，而万芳则希望去个普通饭馆，意思到了就行。

看到妻子这样的态度，王欢终于忍不住在街头就发火了，他说："你是不是根本不在乎这个日子，什么都省啊省啊，咱们又不是花不起这个钱，我的好心你全都看不见。"万芳刚想解释，王欢又连珠炮地说道："平时你节俭，我也没说过什么，我知道你小时候家里条件不好，可现在咱们的条件还是可以的，房子车子也都买了，虽然要还贷款，但对于我们的收入来说，这些都不是问题，你这样做是什么意思？"

等到王欢把一连串的话丢给万芳时，才发现万芳早已泪流满面，没有认识到自己过分的王欢还是继续说，万芳一声不响，打了辆车就回娘家了。第二天，万芳的妈妈给王欢打电话："小王啊，你怎么回事，王芳刚怀孕不久，你就惹她生气。她非要把孩子打掉，说就你这样大手大脚的，根本养不起这个孩子，不想要了！"

回过神来的王欢才意识到，原来妻子想要节俭，是为了将来考虑，而他从来没考虑到妻子的感受，也没问过妻子的想法，只是一味地误解和中伤，让她伤心了。想到这里，王欢连忙赶去了岳父岳母家，向妻子承认错误，并保证以后不再大手大脚地花钱，为孩子营造一个好的出生条件。

其实在很多家庭，这种因为不去倾听对方想法而产生的误解比比皆是，有些时候，这种拒绝倾听，一味倾诉的行为会引来激烈的争吵，并以两败俱伤的结局收尾；还有些时候，一方一味忍让，而另一方气焰嚣张，咄咄逼人，则容易让误会升级，导致婚姻裂痕。假如两个人都能心平气和，在想说之前先去倾听，了解到对方的真实想法和意图后再开口，则会避免很多不必要的矛盾。

那么究竟应该如何去做才是正确的呢？有些人可能会想，倾听还不容易吗，只要坐在那里听对方说就好了，其实并非如此，俗话说："会说不如会听。"这里的"会"说明倾听也是有技巧的，不仅如此，除了技巧，倾听还需要掌握以下的几个要领：

1. 全神贯注

在听对方说话时，必须做到专心致志，因为只有这样，你才能紧跟对方的思想，发现对方的真实想法，进而在交流时做到有的放矢，引起共鸣。如果你在和伴侣交谈时心不在焉、东张西望，即使他说的话你都能听到，也会让对方感觉到你的轻视和不尊重，这无疑会为交谈带来负面影响，甚至引起反感，达不到交谈的预期目的。

2. 保持耐心

在和伴侣交谈的过程中，即使你对他所说的话题不太感兴趣，出于礼貌也一定要洗耳恭听，尤其是对方谈兴正浓时，更要耐心地听下去。当然，如果他的话题实在太过无聊，或你有其他事情要做，那么可以委婉地对其作出暗示，如果对方识趣，他一定会中止话题或去做其他事情。值得注意的是，无论在任何情况下，你都不能表现出厌烦的神情，因为这是影响双方感情的重要原因，除非你已经不打算经营好这段婚姻。

3. 作好互动

听对方讲话并不意味着毫无表情地坐着不动，你要做的，不是像个小学生一样认真听讲，而是要跟着对方的思绪，适时地用简短的语言及表情动作和对方进行互动，表示双方的所见略同。当然，如果有不同建议，在他说话的间隙，也可以委婉地提出来，以求得到他的理解。

在家庭生活中，你想发表自己的意见之前，先去倾听对方的想法，并注意到以上几点倾听的要领，相信争吵会越来越少，家庭会越来越和睦，相敬如宾的日子也会慢慢成为常态。

永远不要纠缠于矛盾焦点上

不少人都觉得，夫妻之间吵架是很正常的事情，毕竟两个人有分歧就要表达，表达不好就容易吵起来，这是无法避免的。当然，这种想法并没有错，有些时候，吵架也并非全是坏事，因为这也是发现问题和解决问题的方法之一，同样是很多家庭生活的方式和内容之一。

在很多家庭当中，吵架都是解决生活中所出现的问题和矛盾的重要方法，当夫妻双方对事物的看法无法达到一致时，发生争吵是很正常的，也算是夫妻间的坦诚相见，有时吵架并不影响夫妻感情，反而是巩固感情的良好办法，毕竟那种“相敬如宾，举案齐眉”，一辈子不红脸的夫妻还是少数。

吵吵闹闹的日子固然会让人心烦，但如果能通过这种方法将问题解决掉，并因此获得更好的相互理解，也不失为一件好事，只是假如问题总是纠缠不清，甚至每天一小吵，三天一大吵，相信绝大多数人都无法接受。

我国有句谚语叫做：“清官难断家务事。”事实上正是这样，家务事的纷繁复杂，有时远远比法官断案更难，尤其是一些矛盾焦点比较激化的事情，更难摆平。因此不少明智的家庭成员，开始懂得不在矛盾焦点上做文章，逐渐平复内心，找出其他的解决办法。

芭芭拉·莱贝退休前曾是美国亚特兰大市的一名女法官，她常常关注由于家庭矛盾而引发的案件和纠纷，这也让她对于家庭生活有了更多的理解和诠释。1995年之前，她的家庭生活幸福美满，她和丈夫将一对儿女抚养成人，一家人过着平静而融洽的生活。

然而天有不测风云，那年的11月份，莱贝在参加儿子丹尼尔的婚礼时，无意中和儿媳间产生了一点小摩擦，这让丹尼尔十分不悦，从此母子之间存在了一些隔阂，家庭关系也就此变得不和谐起来。

一年之后，儿子一家搬到了弗吉尼亚州的里士满，和父母住得远了起来，关系也变得愈发疏远，只是偶尔打个电话问候一下，很少再迈进家门。眼看着心爱的儿子和自己的关系变得淡漠，莱贝十分伤心，这也让她重新开始关注起家庭关系这一带有普遍性质的社会问题，并开始着手撰写如何改善和处理这种关系的书籍。

经过莱贝的不懈努力，她的《家庭关系》一书终于完成，并得到了社会各界的追捧，由于对家庭关系的透彻认识和她的积极努力，她和儿子之间的关系也逐渐得到缓和，并有了明显好转。

莱贝认为，在任何国家，家庭矛盾都是绕不开的话题，而在这些矛盾当中，由于亲人间相互理解和沟通的不足所引发的问题是矛盾的主要方向，鉴于这一点，莱贝指出，想要平息家庭中的紧张气氛，缓解亲人之间的矛盾，最重要的一点就是要向你所爱的人发出明确信息，让对方知道，你想要弥补你们之间破损的篱笆，同时记住，一定不要纠缠在矛盾焦点上，千万不要形成“针尖对麦芒”的状况，一旦这样，想再缓和就会变得很难。

不仅如此，凭借莱贝多年当法官的实践经验来看，在家庭中，任何争执都存在两面性，没有绝对的正确和错误，因此彼此守住一颗宽容的心，不去翻旧账，将眼光放在现实和未来，时刻敞开和解的大门，并努力做到坚持不懈，这才是解决家庭争端的最明智的举动。

聪明的莱贝找到了解决家庭矛盾的关键症结，也提出了解决办法，这无疑能为我们带来不错的启发。不过仔细看来，莱贝的方法尽管不错，却不够详尽，为什么这么说呢？因为家庭矛盾并非简单的一个词，而是林林总总，无孔不入。

有人可能会说，既然这样，如何才能做到不纠缠于矛盾焦点之上呢？事实上，纷繁复杂的家庭矛盾，无非来源于三个方面：经济基础、生活情趣、家庭关系。只要分别解决好这三方面的问题，所有问题都能迎刃而解，那么这三方面问题，应该怎样解决呢？

1．源自经济方面的矛盾

一般来说，没有经济基础的家庭无疑要比有经济基础的家庭矛盾更多。在物质社会中，没有谁能活在自己的世界里，很多时候，双方由于顾及面子，很少会提到经济上的问题，最后造成家庭矛盾的日益积累和爆发，导致不可收拾。想要解决经济问题，最重要的一点是要在婚前作好沟通，分析经济能力，作好经济规划和理财计划，钱多钱少不重要，只要有目标，没有什么解决不了的。

2. 和生活情趣有关的矛盾

我们都知道，生活情趣是家庭的润滑剂，没有感情，两个人不可能走到一起，既然走到了一起，就有感情基础，也就有了相同的生活意愿和情趣。当然，这种情趣的多少并不重要，重要的是如何经营，没有两个人是相同的，尊重彼此，帮助对方，很多问题就可以得到解决。生活中很多矛盾之所以出现，就是因为没有尊重对方，久而久之变成了伤害，只要认清这一点，生活情趣上的矛盾则不难处理。

3. 最为关键的家庭关系

家庭关系无疑是家庭当中最重要也最难处理的，因为婚姻有时并不是两个人的事，而是两个家庭的事。通常情况下，家庭关系中出现矛盾的往往婆媳关系居多，这个问题存在了几千年，且会一直存在下去。两代人，两种思维，很难摆在同一个平台上解决，想要处理好这种关系，避免产生矛盾，首先婆婆必须放弃控制欲，媳妇则要树立起孝敬心，协调好这两点，家庭才会和谐。

几乎每对新人在婚礼上，都会这样说："不管生老病死，不管贫贱富贵，不管多么困难，我们都会携手走过。"这不只是一个简单的仪式，还应该是一份承诺，一份责任，生活就是柴米油盐酱醋茶，只有从心里完全接受对方和对方的家庭，尽量避免家庭矛盾的产生，或在出现矛盾后以宽容的心态看淡一些，包容一些，不总是纠缠于矛盾焦点上，才能将日子经营得红红火火，幸福美满。

放下家长作风就是摈除冷漠

相信不少人都听说过这样一句话："爱的对立面不是恨，而是冷漠。"这话一点都不假，特丽莎嬷嬷曾说："世界上最可怕的疾病就是冷漠。"因为冷漠不仅会让我们的世界变得狭小和黑暗，让人变得孤僻、难以相处，还会让我们失去生活中很多珍贵的东西。

如今，随着社会文明程度的不断提高，不少的现代家庭基本摈弃了野蛮粗暴的家庭暴力，这不失为一种社会进步，然而随之而来的，却是很容易被人忽视的家庭冷暴力——冷漠。在家庭当中，冷漠无疑是伤害对方最致命的武器，有些时候，它甚至要比恶语相向或动手打人更为严重，因为这种折磨更加不着痕迹，也更残忍和隐性。

当夫妻间产生矛盾时，有些人为了巩固自己的家庭地位，一方面不想落下家庭暴力的骂名，受到社会谴责，另一方面又想表达自己的愤怒，因而对伴侣采取精神层面的“暴力”，比如以对对方冷淡、疏远、漠不关心、拒绝对话沟通、拒绝性生活、不参加家庭工作等为手段，让对方饱受精神折磨，却有苦说不出，这种精神上的折磨，也被称之为“家庭冷暴力”。

当然，在夫妻冲突当中，适当的冷处理有助于缓解矛盾，促进问题的解决，但如果冷处理的方式做过了头，有了不良的动机和结果，并逐渐演变为“冷暴力”，不仅不利于改善家庭关系，促进良好氛围，反而会让分歧变本加厉，最后形成不可收拾的局面。

在某大型企业担任主管的程敏每天都在单位待到很晚，这让下属们意见很大。主管不走，作为员工的他们自然不敢先走，只得叫苦连天。也难怪，这些20来岁的男孩女孩，都盼望着一下班就抓紧回去，该娱乐的娱乐，该约会的约会。但程敏却每天一到下班时间就发憷，其实她也很清楚，自己明明并没有什么必须要加班的理由，可对于那个永远冷冰冰的家，还是能少待一分钟，就少待一分钟的好。

程敏的老公关林研究生毕业后自己创办了一家经营软件的小公司，随着公司的逐步发展壮大，他从一个名不见经传的小角色，成为业内响当当的人物，这也让他慢慢养成了唯我独尊的习惯，以至于回到家，这个习惯也难以改变。

日常小事也就罢了，但关林一日胜过一日的独断专行，最终让同样受过高等教育、收入颇丰的程敏忍不下去了。对于他的家长作风，程敏不知说过多少次，开始关林还表面接受，背地反驳，后来随着说的次数多了，他不是说一句“有本事你也自己做事业，给人家打工干什么”，就是用不屑的眼光看着她，最后干脆程敏说什么，他都不理不睬。即使程敏拉着他吵架，换来的也只是更加轻视她的冷漠。

开始的时候，程敏也在反思自己的问题，想找办法积极解决，但每当面对关林那张冷漠的脸，她的心都像是落在冰水里。程敏都想不起来，他们上次的对话是在什么时候，每次她鼓足勇气想跟关林亲热一下，都会被拒绝，她也提出过离婚，但关林依旧不理不睬，什么都不说，这让她越来越感觉到，家是个令人窒息的地方。

在一次和朋友吃饭的时候，程敏终于忍不住哭了出来，她说：“我真不知道自己做错了什么，这种生活太让人无法忍受了，我像每天对着空气说话，他对我的态度常常让我感到窒息。可能在别人看来，我们家从来不吵不闹，太平无事，但谁都不知道，我每天要忍受着多么大的精神伤害。”

实际上，在现实生活当中，像程敏一样忍受着家庭冷暴力的人并不少见，也许程度不见得像她那样严重，但发展下去，无疑也会对婚姻和家庭幸福造成极大威胁。那么究竟应该如何才能避免或杜绝这种冷漠，甚至冷暴力呢？我们需要先从原因入手。

纵观家庭冷漠形成的原因，无非有以下几点：

1. 不懂得珍惜

不少新婚夫妇由于年龄偏小，不懂得珍惜生活，甚至没有家庭观念，更没有珍惜的意识，其实婚姻并不复杂，家庭生活也很简单，只要你懂得经营和珍惜，且具有良好的耐心，就能经营好一个家。

2. 认不清自己的角色

一些家庭成员根本不知道自己在家中的角色是什么，或根本没有进入到角色当中，这无形中会对身边的人造成精神上的伤害和困扰，导致一些不良情况的发生。

3. 家长作风严重

一些在工作上习惯于命令下属的人，在面对家庭生活时，往往较难转变角色，以至于总想命令或指使另一半，进而造成伴侣的反抗和拒绝，将原本很容易解决的事情复杂化。

4. 不懂沟通的艺术

有的家庭成员在外面受到挫折，到家后可能不会表达，只会用沉默和抵抗来表现，这会让对方感觉摸不到头脑，产生各种猜测，甚至将事情推向反面。

5. 不会表达情绪

表达无疑是一门高深的艺术，很多话说得到位，能够帮助事情更好解决，说得不到位则很有可能把事情搞砸。比如迫于职场压力，很多人可能会出现倦怠情绪，回家发泄，这是一种情绪的表达，是正常现象，但这种现象却并不正确，在对家人的层面上，这种做法很不公平。

以上几点造成冷漠的原因，其实并不难解决，在夫妻间感情较为牢固的基础上，只要能放下家长作风，学会珍惜家庭，加强沟通交流，在某些方面基本达成共识，并主动给对方一些关怀和理解，很容易获得缓解。当然，最重要的一点，你必须摈除自己的抗拒心理和冷漠态度，唯有如此，才能重新得到源自于家庭的温暖。

如果爱，请深爱

我国知名职业教育培训讲师李刚老师曾说过这样一句话：“在这个世界上，最灵验的，最有求必应的，也是最值得我们供奉的神其实只有两位，一个叫爹，一个叫娘。”其实他是想告诉我们，千万别拒绝父母的爱，在这个世界上，即使所有的人都背叛你，父母也不会背叛你，即使所有的人都不再爱你，父母也不会不爱你，所以，不管你是声名显赫还是默默无闻，也不管你腰缠万贯，还是一文不名，都要接受父母的爱，并把爱带给他们。

几乎所有人都知道，世界上最伟大的爱，就是父母对孩子的爱，因为这份爱是天底下最无私，最深沉，也是最博大的。父母的爱无微不至、无所不在，渗透在儿女生活、工作、学习乃至一举一动当中，哈吉·阿布巴克尔·伊曼曾说："谁拒绝父母对自己的好意，谁就首先失去了做人的机会。"

确实如此，父母是我们人生中的第一位老师，也是训导我们最久的一位老师，他们用尽毕生精力，教会我们无数做人的道理，给予我们无微不至的关怀，却从不要求回报。对天下所有父母来说，无私的爱似乎成为他们所特有的标志。

小的时候，懵懂的我们总把父母当成唯一的依赖，无敌的保护者，遇到任何事情都会寻求父母的帮助，然而随着年龄的不断增长，小学、中学、大学，直至工作，年龄越大，对父母的态度就越冷漠，有时甚至感觉父母的唠叨烦人、思想落后、什么都瞎操心，不仅枉费了父母的好心，还让他们感到寒心。

身为心理医生的刘梅在一次和父亲一起吃饭的时候，不知怎么就谈起了哥哥，父亲说了两件让他伤心的事，还掉下了眼泪。在刘梅的心目中，一向很有男子气概的父亲从来不会在孩子面前表现脆弱的一面，这一次在酒精的作用下，已经显出老态的父亲说出了自己内心的伤感。

原来，在刘梅哥哥刚参加工作不久的时候，因为他和父亲在一个单位，所以父亲很积极地希望能为儿子做点什么，但两次都遭到了儿子的拒绝。第一次，父亲给哥哥讲做人的道理，当然，无非就是些老生常谈，希望他脚踏实地，不要好高骛远等等，没想到话没说完，哥哥就打断他，说了一句："你知道单位的人怎么说你吗？"父亲很奇怪："我在单位那么多年，从来没有人说我不好，他们怎么说呢？"哥哥说："人家都说你太老实，那么多年都没混得油。"这一句不经意的话，让父亲听出了诋毁，感觉自己在儿子面前好不容易树立的威信被践踏了。

还有一次，作为单位老司机的父亲，和领导一起去下面县市例行检查，因为多年关系，父亲跟县里同系统的很多人关系不错，同桌吃饭时，他热情地给哥哥介绍，并说希望大家以后多加关照，但事后哥哥不但不领情，还对父亲说："以后你别这样介绍了。"这让父亲感觉哥哥嫌弃自己有个当司机的爸爸，所以才会这么说。

听了这两件事，刘梅沉默了一阵，跟父亲解释道："其实，我哥并没有不尊重您的意思，他只是想凭借自己的能力做好每件事，不想依靠您而已。"但无论怎么解释，父亲都不肯听，还哭着说："我知道，你们俩从小就觉得我像个旧时代的轿夫，之所以拒绝我的帮助是因为我没有什么本事，帮不了你们什么。"

这话让刘梅感到很震惊，她突然想到自己小时候的一件事，当时她还在上初三，一次班里组织参观，自己不会骑自行车，但她宁愿让同学带着也不肯坐爸爸的车，这并不是因为她看不起爸爸的职业，而是因为不好意思。她把这件事告诉父亲，并对他说："爸，我们小时候其实都觉得您当司机是很光荣的，每当您开着小车来接我，我都觉得特别牛气，但为了不让别人笑话，说我搞特殊，我一直都拒绝您接送，我想哥哥一定也是这样想的。"

说完这些后，父亲叹了口气，说："也许就像你说的那样吧！但我很清楚，我现在越来越老，你们没有什么用得着我的地方了，我想帮忙也帮不上什么，有时候还可能给你们添乱。"两个人谈了很久，身为心理医生的刘梅不知道是否解开了父亲的心结，但从此之后，她开始刻意地接受父母所有的帮助，并及时对父母的帮助给予肯定，因为她深深地明白，有些时候拒绝父母的帮助，并不是爱他们，反而会让他们感到伤心。

在日常生活当中，除了像刘梅哥哥那样渴望独立，希望用自己的能力做好一切，不让父母担心的儿女，还有一种情况，那就是不想让父母一直为自己操心，希望能让他们早日安享晚年。

王华是名长途司机，经常早出晚归，为了不让父母担心，他早上总是偷偷起床，拿起衣服就走，晚上也总是悄无声息地回来，希望不会打扰到父母的休息。然而让他觉得过意不去的是，每天早上，无论多早，他只要起身，母亲总会关切地问他早上吃什么，晚上什么时候回来，还常常在他起床之前就准备好早餐。

不想让母亲如此操劳的王华，不太善于言辞，每次母亲准备好早饭，他总是敷衍地吃几口，或皱着眉头告诉她："我早上食欲不好，不想在家吃饭，你以后别再做了。"就急匆匆地上班去了。后来为了不再让母亲因为他而早起，他干脆搬到了单位的宿舍，每个月只在家待一两天，这让母亲感到十分失落，总以为自己做错了什么，不然儿子怎么会从安逸的家里搬到宿舍去呢？

作为儿女，有时本意是好的，不想让父母太过操劳，但对于父母的关爱和照顾，无论出于什么样的理由，也无论父母的帮助是否对自己有用，即使父母教育子女的方式方法有些不对，也要知道，他们的初衷是好的，他们是不会害自己的。了解到这一点之后，相信在面对父母好意的时候，我们所做的不再是生硬的拒绝，而是满怀感激之情的接受，因为从某种意义上来讲，接受父母给予的一切关爱，本身就是对父母的报答之一。

给孩子成为大人的机会

无论是初为人父、为人母的新爸妈，还是已经拥有年龄不小孩子的经验丰富的父母，无不希望自己的孩子将来能够做出骄人成绩，成就一番事业，然而想要达到这一目标，却并非易事，毕竟如今的社会竞争越来越激烈，想让孩子脱颖而出，必须从小对他进行正确的指导和教育。

几乎所有父母都希望自己的孩子将来能够变得独立，有所担当，那么，在他小的时候，你就要刻意培养他的独立能力，给他成为大人的机会，同时让孩子做力所能及的事情，不拒绝源自孩子的帮助。

实际上，每个孩子从逐渐具有意识之后，就开始拥有独立的愿望，这不仅表现在他不乐意接受源自父母的帮助，还表现在他希望给予父母某些方面的慰藉。

一些细心的婴幼儿父母不难发现，当他能够尝试着使用勺子的时候，他会对你喂饭的行为十分反感，甚至处处和你作对，希望通过自己的努力将饭吃进嘴里，即使弄得满地都是；当他开始学会走路的时候，他常常会有帮大人拿东西的愿望，当你为他拿来他所需要的东西时，他不仅不领情，甚至还会因此而哭闹，因为他希望这件物品是他亲手取来的。

其实这些行为，都是孩子渴望成长，希望成为大人的内驱力所造成的，然而很多父母，打着对孩子好，爱孩子的名义，不愿让孩子受一点苦，什么都抢着做，殊不知，这种拒绝孩子动手的行为，非但对孩子的成长毫无益处，反而阻碍了他独立性的发展，让他逐渐丧失了迅速长大的能力。

育儿专家刘女士曾谈到某次和自己儿子去餐厅的经历：

当天，刘女士和儿子一起在餐厅享受了一顿美味的餐点，饭后水果是一小盘充实而饱满的葡萄，让人看了忍不住垂涎欲滴。

三岁的儿子很兴奋，一颗一颗剥着往嘴里送，还不时剥好一颗放进妈妈嘴里。

这时，邻桌传来一阵童声："妈妈，我要吃葡萄！"回头一看，刘女士发现是位年轻的妈妈带着大约五岁的男孩在用餐。禁不住孩子的再三催促，年轻妈妈放下刚吃了一半的食物，开始帮孩子剥葡萄，并一颗一颗地喂进他嘴里，而白白胖胖的男孩只是坐在那里，重复张嘴、咀嚼、吞咽的动作，直到所有的葡萄全部吃进肚子，那位妈妈才终于得以继续吃她的午餐。

刘女士的儿子显然也看到了这一幕，他好奇地问："妈妈，那个小哥哥的手怎么了？他为什么不自己吃？"刘女士笑着对儿子说："宝贝，妈妈可不希望你也这样。"儿子拍拍胸脯自豪地说："我才不会呢，我是小男子汉，自己的事情自己做。不光要自己做，还要帮妈妈呢！"说着，又往妈妈嘴里塞了一颗葡萄。

看到如此乖巧的儿子，刘女士欣慰不已，同时也为那位年轻的妈妈而感到担忧。当她和其他育儿专家探讨这一话题的时候，她说起了这件事，并忧心忡忡地说："从这件简单的剥葡萄事件中我们可以发现，只要父母愿意给孩子机会练习，三岁多的孩子完全可以学会，而且做得很好，但往往很多父母出于对孩子的宠爱，凡事都为他准备妥当，只要孩子一张口，什么都做得好好的，可这不是帮孩子，而是害了他啊。"

另一位育儿专家点了点头，接过了这个话题，她说："其实不只是剥葡萄那么简单的事情，我也发现，在日常生活中，多少父母总是习惯以大人的角度来规划孩子的未来，决定孩子该走的方向、该学习的内容，而不是以孩子为中心来考虑他的真实需要，这让孩子逐渐丧失了成为大人的机会，也就此失去了帮助父母，同时也是帮助他们自己的最好时机。”

其实这些育儿专家的担忧并不是空穴来风，事实上在我国，很多父母不仅对婴幼儿照顾有加，对于已经上小学、中学，甚至大学的孩子，依然是这种包办态度，很多父母以为只要让孩子好好学习，日常事务完全可以帮他打理好，免得分散他的精力。还有些父母总觉得孩子还小，什么都不懂，什么都不会，必须为孩子做这做那，即使他已经长大成人，也放不开心底的那份担忧。

殊不知，这些看似对孩子的照顾和不放心，最终带来的结果是孩子丧失了长大的黄金时期，即使年龄上成年，心理上也很难断奶，甚至根本没有成为大人的机会，这样的父母，即使付出再多，也不是合格的家长。作为父母，究竟应该如何去做，才算合格呢？答案很简单，不仅不要拒绝孩子的帮助，还要积极主动地接受他的帮助，为他创造长大的机会。为了让年幼的孩子更好成长，有关专家提出了这样几点建议：

1. 适当满足孩子的愿望

对于一些孩子力所能及，且没有太大危险的事情，只要他愿意尝试，尽量满足他的愿望，比如洗碗、洗菜、摆碗筷、搬小板凳、扔垃圾、帮父母拿报纸等，当孩子有类似的愿望，即使做得不够好，父母也要为他创造机会，并及时鼓励，促使他不断努力，做好力所能及的事情。与此同时还要注意，在孩子做这些事情的时候，不要给他施加压力，既要让他得到锻炼，又要让他获得乐趣。

2. 用温和的语气解释原因

孩子的自尊心往往都很强，当他因为某件事情做得不够好而受到批评或责备后，肯定不愿再去做了，因此作为父母，一定要让他明白，在他所在的年龄阶段，有些事情目前是做不了的，并不是他不够优秀，而是能力达不到，比如独自搬比较重的东西、自己倒热水、自己过马路等。需要注意，在对孩子说“不”的时候，最好借助一些事实，这不但有助于帮他建立良好的自尊心，还能让他更好地理解父母的苦心。

只要做到以上两点，并随时注意为孩子提供锻炼机会，鼓励他帮助父母做事，相信孩子在成长的过程中一定会更加快乐，也更加优秀。

Chapter 5

不拒绝的生活很美

不拒绝是一种生活态度

如果说人生是一杯香浓的咖啡，那么挫折就是你无法回避的苦涩，但只要我们不拒绝这种苦涩，最终留给我们的将是满口余香；如果说人生是一枚口含沙砾的蚌壳，那么磨砺成珠便是无法回避的痛苦，但只要我们不拒绝这种痛苦，就能感受到珍珠出蚌那一刻无与伦比的喜悦和自豪。

在任何人的人生旅程中，有很多事情都是无法回避的，很多苦难都是必须品尝的，很多坎坷都是必须经历的，既然如此，我们就不要拒绝它们，因为只有不拒绝，才能在风雨之后看到彩虹，也只有不拒绝，才是一种积极向上的生活态度。

古人曾有这样一首诗："若无霜与雪，何曾显竹节。若无山与川，何人重平道。"说的是在面对苦难的时候，只有不拒绝，才能最终得到升华。古人深谙苦难对于人生的意义，将其作为展现人生价值的渠道，作为现代人，我们亦应如此，坦然接受这些苦难，为自己的成功之路作铺垫。

相信不少人对史铁生这个名字并不陌生，作为一位身患疾病的作家，能够写出这么多脍炙人口的作品，他无疑是坚强的代名词，可是又有多少人知道，他曾经历过多少磨难和苦楚呢？在他风华正茂的时候，命运之神和他开了这样一个玩笑，让他从一个身体健全的人一下子成了残疾，梦想也被这突如其来的苦难紧紧束缚住了。

当然，最初的时候，史铁生并不是没有过退缩，也不是没有犹豫，他甚至想要放弃生命，用死作为对命运的抵抗，但最终，经过很长一段时间的苦痛挣扎，他走出了阴霾，没有对苦难屈服，也没有拒绝面对苦难，因为他的心灵是健全的，他深切体会到，只有不拒绝才能过得更好，只有不拒绝才是一种积极向上的生活态度。此后，史铁生重新振作，在文学中积极寻找属于自己的坐标，辛勤耕耘自己的那份土地，最终获得了丰收，收获了读者的憧憬，也收获了生命的价值。

在史铁生的笔下，无论是对夕阳的描绘，“祭坛石门中的落日，寂静光辉平铺的一刻，地上的每一个坎坷都被映照得灿烂”，还是他对落叶的赞歌，“譬如秋风忽至，再有一场早霜，落叶或飘摇歌舞或坦然安卧，满园中播散着熨贴而微苦的味道”，我们都不难看出，他积极向上、宽容坦然的内心，也不难感受到他勇敢面对生活、直面人生的勇气。

无独有偶，对于自幼酷爱乒乓球的邓亚萍来说，挫折也曾让她痛苦不已，由于身高的极端缺陷，她处处碰壁，很多教练直接就对她说：“你回去吧，想要从乒乓球竞技上获得成就是不可能的，别费劲儿了。”生理上的苦难让她一度失落和委靡，但好强的她用不拒绝的态度勇敢地接受了挑战，她花了比别人多三倍的时间，自主学习独辟门路，终于创造出了自己的乒乓神话。

不难想象，如果当初史铁生和邓亚萍拒绝接受苦难的考验，选择了逃避，那么他们还会成为生活的赢家吗？还有那么多人知道他们吗？事实上，只有不拒绝的生活才是最美的，也唯有不拒绝生活给予我们的种种考验，才能拥有获取成功的希望。

当然，除了不拒绝命运的考验，在生活当中，我们还不能拒绝批评的存在，毕竟只有和我们最亲近的人，最希望我们获得成功的人，才会运用批评这种手段，来为我们指导人生。

对历史有所了解的人都知道，正因为虚心接受魏征的批评，唐太宗才最终创造出“贞观之治”的盛世景象；由于诚恳接受了邹忌的谏策，齐威王才终于奠定了齐国坚定的地位，建立了霸业。俗话说：“金无足赤，人无完人。”每个人身上都会有或多或少的缺点，而别人的批评恰恰为我们提供了改正缺点的良好机会，因此无论我们身处何等地位，是什么身份，都不要总考虑自己的面子，担心别人的批评中伤自己，只要别人的批评是中肯有理的，我们都应不计私心、坦然接受。

无论是对于生活中的考验，还是无比用心的批评，不拒绝都是一种明智的态度，很多人都会为自刎于乌江的霸王扼腕叹息，如果他能直面命运的残酷，留给后人的未必是一个悲剧的项羽；也有人会悲痛于鲁迅笔下的阿Q，假如他能坚持脚踏实地地生活，即使再平凡，也不会如此猥琐，最终稀里糊涂地命丧他手。

在短暂的人生旅途当中，诱惑无处不在，困难也比比皆是，由于很多内心软弱的人开始选择拒绝，对生活、对现实，不去采取积极的态度，而是选择活在梦中，或迷醉或绝望，正如伤秋的李后主，葬花的林黛玉，只是他们的诗歌再美，表情再优雅，拒绝了对现实的接受和对生命的期待，最终只能让人感到遗憾，认识到这种人生方式的不健全。

生命时刻充满着不完美，但又有谁能有权利只拥有快乐而不去承受苦痛，只接受美好而拒绝命运的吝啬呢？在面对命运所给予我们的遗憾和不完美的时候，是选择如鸵鸟般蒙起双眼躲进沙坑，还是选择像史铁生一样坦然接受、深刻思考、勇敢面对，找到一份心灵的熨帖，一条幸福的出路，让每一处人生的伤痛都结出饱满的果实呢？

无论对于强者还是弱者，也无论你富贵显赫还是一贫如洗，只要把握住不拒绝这种生活态度，不管遭受到什么样的挫折，遇到什么样的苦难，永远都会有成功的希望。只要你不拒绝，生活就会变得越来越美好，日子也会变得越来越红火。

宿命论是不用心生活的借口

很多人在聊天或交谈中，常常会说这样一句话：“这就是命啊！”尤其是在连续遇到较大痛苦的时候，人们往往会用“命中注定”这种字眼来自我安慰，以求愈合心灵上的伤口，然后慢慢麻木，安于现状。

实际上，对于“宿命”这个看上去虚无飘渺的词，很多人都抱着相似的潜意识，那就是：这是一个能够逃避现实，不用心生活的借口，尽管不会有人承认，但事实上就是如此。某知名心理学家曾说过这样一句话：“命运，这名词虽然虚无，却和‘还有明天’一词被并列为对人类理性杀伤力最大的两大精神麻药。所以，无论遇到任何事，我们决不能拿命运来当借口，人也绝对不能向命运屈服。”

每个人都应该坚信一点，那就是当你拥有足够的力量，愿意并坚定地用心生活时，你就会发现，一切都会变得迎刃而解，没有什么是宿命所能够左右的，当某个转折点来临时，只要我们有坚定的信念，依靠自己的力量和智慧，就能超越所谓的“天意”和“运数”，将自己的既定命运推翻，就此改变自己的人生。

在日常生活中我们不难发现，大多数在事业上取得成就的人，都有这样一个共同点，那就是服从、诚实的态度，负责、敬业的精神以及近乎完美的执行能力，这是所有成功人士之所以成功的重要秘诀，此外更为重要的一点，则是不为自己找借口。

有些人为了顾全面子，常常会为自己所犯下的过失寻找各种各样的借口，事实上，在每一个借口的背后，都有丰富的潜台词，只是我们不好意思说出来，甚至根本不愿意让别人识破。当然，很多时候，这些借口都会使我们暂时逃避困难和责任，甚至获得某些心理上的慰藉，但借口的代价却无比高昂，它给我们带来的危害和心理上的压力，其实一点也不比其他任何恶性事件少，尤其是那些将宿命论当做借口的人。

当我们以“命不好”或“机遇不够”作为不成器的借口时，事实上，这种借口已经成为我们的绊脚石和心理上的恶魔，这让我们更加不思进取，不敢尝试，不去寻找真正失败的原因，可以这么说，借口不过是为了逃避责任、拒绝承担而编造的理由，而这些理由对我们毫无用处，反而会最终成为阻碍我们成功的最大羁绊。

王城从小出身贫寒，父母都是农民，在他高二那年，父亲因病去世，一家人的生活重担全部落在母亲身上，为了帮母亲减轻负担，王城一边上学，一边抽空四处打工，但贫穷的生活并没有耽误他的前程，通过自己的努力，他最终战胜了所谓的命运，成为一名成功的职场专家。

一次，王城到某大学考察，无意中听到一个学生抱怨：“唉，我命不好，没赶上好家庭，父母没钱也没门路，以后工作可怎么找啊？”王城感慨万千，在跟学生们交流的时候，他说：“只要稍加留意就会发现，在我们身边，借口和理由比比皆是，比如：‘我之所以考不上大学是因为我家贫困。我当时病了，发挥不正常……’ ‘我大学没学好是因为其间家庭遭遇了困难，我不喜欢这个专业……’ ‘我没找到好工作是因为我的专业不够好，我没有钱找工作，没有关系……’ ‘我工作干不好，是因为领导不重视我，因为同事太笨了，因为工资不高……’

事实上，我们仔细想想，这些所谓的理由成立吗？这些真的可以让你不成功、不作为吗？当初我上高中时，生活几乎难以继续，甚至连温饱都谈不上，但我还是坚持了下来，最终考上了大学。我年龄最小，家庭没有任何背景，但我照样大二就成了学生会主席；我没有经济来源，所以半工半读，但这并不妨碍我顺利通过英语的四、六级考试，也不妨碍我被保送硕士、博士，不妨碍我年年拿奖学金。

在校园中，我听到有同学抱怨自己的家庭不好，工作不好找，如今竞争确实很激烈，但好工作并非没有，宿命也并不是你找不到好工作的理由，更不是你不去用心生活的理由。我的家庭一直不好，我很早就结婚生子，家庭的经济重担再一次压在我肩上，但我现在不照样成功，照样站在这里跟你们分享我的人生经验吗？命运并没有打垮我，更不会打垮你们。我想告诉你们的是，人不能为自己的不努力找理由，更不能把宿命论当做不用心生活的借口，否则你的成就会打很多折扣，甚至根本不会有成就。因为它会掩盖你的潜力，让你一次又一次地与成功失之交臂。”

王城的话引来了在场学生的阵阵掌声，也让所有学生陷入了沉思。事实上正是如此，只有不再拿命运做借口，你才能踏上选择成功的道路，也只有在生活中勇敢面对，勇敢承担，才不会让借口成为生活中的绊脚石。

在这个世界上，其实最容易办到的事情，就是找借口。狐狸吃不到葡萄会说葡萄是酸的，但是当我们嘲笑狐狸的时候，是不是也应该想想，我们是否也在为一些做不到的事情找借口呢？如果能反思到这一点，而不是总为自己寻找不必要的借口：“我学不会，因为我不够聪明……”“我不敢尝试，因为我们家没有任何人会做，遗传基因……”

如果我们总是以宿命的幌子为自己寻找借口，抱怨重重，在不满中消耗自己的生命，那么我们将永远无法获得未来的成功和舒心的生活，要知道，香港的亿万富翁李嘉诚的最高学历只是初中，还有一年没有读书；连任四届美国总统的富兰克林·罗斯福患小儿麻痹症，下肢瘫痪；“蚊帐大王”杨百万，直到66岁才开始摆小摊做生意；将“索尼”推向世界名牌宝座的盛田昭夫是白手起家，且经历过无数次的挫折和失败。

他们之所以成功，最大的秘诀就是不喜欢找借口，更不相信所谓的命运，如果你也能这样，相信下一个成功获得幸福生活的，就是你。

拒绝行善就是拒绝帮助自己

俗话说：“赠人玫瑰，手有余香。”当今社会，随着人与人之间的沟通和交流日益增加，每个人都不再是单独的个体，而是社会交际网络中的一员，在这张网中，无论你做什么，都会影响到周围的人。假如你以自我为中心，周围人就会以为你自私自利而疏远你，让你变成孤家寡人；如果你习惯行善，乐于助人，则会给人以善良、热情、有气量的感觉，从而拥有对他人的吸引力，而这些表现，定会在某天成就你自己。

在我们的人生道路上，总会遭遇大大小小的困难和挫折，每当你在做一件事情或想要完成一个梦想、达到某个目标时，总要经历好多困难和坎坷，而想要获得最后的成功，总是要得到很多人的帮助，因为没有哪一件事是能够凭借一己之力独立完成的，尤其是在这个团结协作的社会总环境之下，只有团队的力量，才能战胜困难。

设想一下，如果平时你积极行善、乐于助人，愿意帮别人解决难题，处理困难，那么当你遇到困境的时候，别人自然会伸手相助。假如你平时从不顾及他人感受，拒绝行善，那么在你面对困难的时候，会有多少人不计前嫌，帮你摆脱困境呢？可以这么说，拒绝行善，无疑就是拒绝帮助自己。

曾经有人说过这样一句话："当你帮助别人的时候，当你在做了好事之后，你就要立刻忘记你帮助过别人，你做过好事；而当别人帮助你的时候，你要永远记住曾经帮助过你的人，这样的人才是永远被人们尊重的人，不会被人们忘记的人，永远活在人们心中的人。"其实这句话是很有意义的，纵观上下五千年的历史，回头想想发生在你身边的事情，留意一下身边的人，你不难发现这样一个真理："拒绝别人就等于拒绝自己。"

要知道，最聪明的人绝对不是处处算计、斤斤计较，为了一己私利不择手段的人，而是时刻想着别人，懂得感恩，懂得做人，时刻想着双赢，为别人也为自己赢得赞誉的人，这不仅是生活中的诀窍，更是生意场上的制胜法宝。

在广州经营电子产品的张永武无疑是个精明的生意人，从他白手起家开始创业到如今，短短几年的时间，他和他的团队迅速打开市场，并赢得了商界的广泛赞誉。事业的成功并没有让他就此骄傲自满，也没有让他忘记自己困难时曾帮助过他的人们，为了回报社会，他作出了一个惊人的决定，尽自己最大的力量，帮助贫困地区的孩子读书。

这个决定无疑是要付出巨大精力和财力的，但他和他的"超越55"团队却坚持了下来，在面对记者的镜头时，他满怀激情地说："我们的目标是一年帮助一所学校，和同伴们一起，尽自己所能，帮助那些需要读书的贫困地区的孩子。"当记者问到他这样做的目的时，他笑了笑："让更多的人获得读书和成就人生的机会，就是我的目的。如果说没有私心，可能也不尽然，当我帮助他们的时候，也许也是帮助了我自己。"

记者感到很好奇，是什么力量促使他几年如一日地付出如此多的心血，又是什么让他坚持了下来呢？张永武说："其实这并不是我一个人的行为，在我们的团队中，有22名成员，他们分别来自于江门、广州、澳门、香港等地，都是公司骨干和老板，我们是在一个叫做‘态度管理’的课程上认识的，正是那个课程，让我们都明白了这个道理，社会成就了我们，我们也应该成就别人，让更多人走进这个队伍，这样我们的朋友会越来越多，所得到的帮助也自然会越来越多。”

张永武还提到，目前，从这个名叫“态度管理”的课程中走出来的成员越来越多，大约有1万人散落在广州的各个社区成为社区服务志愿者，他们的服务主要针对社区老人院和边缘的贫困小学。

“那么你和这些团队成员在这样的活动中究竟能够得到些什么呢？”记者再次提出自己的疑问。他欣慰地说：“其实这些活动给我们的生活已经带来了不小的变化。原来如果一天没有事做，我可能会睡到12点，现在每天8点就起来做事情，感到十分充实，心态也变了，自己对社会更愿意付出，也发现这个社会上其实有不少人都很有爱心，而且只要你能真心付出，就能得到别人的支持和帮助。这种感受在生意场上也帮助了我，以前自己可能会更多想到如何去赢，挣更多钱，如今在处理客户关系方面则更注意达到双赢或多赢，这让我不仅获得了生意上的成功，也交到了很多重要的朋友。”

最后，张永武笑着向记者承诺：“这个团队会一直做下去，以前总觉得，拥有之后再付出是人之常情，现在我明白了，先付出再去拥有，更能让生活变得有声有色，也更能彰显我们对社会的用处。”

正如文中张永武所说的那样，在这个世界上，帮助别人正是帮助自己，先帮助别人再受到别人的尊重，更是一件让人欣慰的事情。在当今社会，几乎所有人都希望别人能够尊重自己，但却总在消极地等待，这些人并不明白，尊重并非空等就能等来，只有帮助别人，才能真正获得别人的尊重，你帮别人做的事情越多，越有价值，你所获得的尊重才会越多。

俗话说："尺有所短，寸有所长。"每个人都有自己占优势的地方，自己的优势总能给他人的劣势以补偿，而自己的劣势总会有需要他人弥补的地方，如果只想获取，不愿付出，势必会失去众人的支持，也自然会失去成功的机会，而如果你愿意随时拉别人一把，那么在你需要别人举手之劳的时候，必然会有人上前相助，只要你能帮别人美梦成真，那么你自己一定也能心想事成。

接受新事物，生活更美好

如果留心，我们不难发现，如今有很多人常会说这样的话："这时代，真搞不懂了。""唉，现在的年轻人！""现在的时代，不如过去了！"有句歌词也在唱："不是我不明白，这世界变化快。"确实如此，随着社会的不断发展和科技的不断进步，我们的生活正在一日千里地向前发展，而越来越多的新生事物，也在不断地刺激着我们的眼球，冲撞着我们的生活。

在面对快速发展的社会和形形色色的新事物时，有些人会选择接受，而有些人则选择了拒绝和逃避，这并不仅仅是年龄稍大的人所作的选择，甚至一些刚步入社会不久，尚在青壮年的人也在作出抗拒的选择。然而，想要生活得更加美好，一味拒绝新事物无疑是个愚蠢的决定。

你是否会在不知不觉中陷入这样的场景：当朋友向你推荐一个新型手机时，你一点也不感兴趣，以至于当大家都陶醉地乐在其中时，你还懵懵懂懂地不知所措；当单位推行一个简便易行的工作方法时，很多人都跃跃欲试，并深得精髓，而你却潜意识里拒绝改变，还希望回到原来的工作方式上……

也许有时是因为你没有心情，有时是不屑一顾，而有时真的是慢了一拍，总之最后的结果是你拒绝了新事物，成为了落伍的一员。这并不代表你高人一等，或鹤立鸡群，而只能说明你对新事物一点也不敏感，更不感兴趣，这不但会让你逐渐脱离主流，更会使你陷入极其被动的状态之中，永远慢别人一个节拍，甚至受到别人的主宰，一旦形成这样的局势，生活如何变得美好？

如今的社会，是一个处处提倡创新的社会，无论是在工作还是在生活中，创新都是大势所趋、大局所向，而创新最需要具备的一个条件就是接受新事物的能力，这种能力，恰恰是在平常生活中不断积累和培养的。

几乎所有人都知道，美国第16任总统林肯是一个敢于创新，并建立了丰功伟绩的领导人，其实，他同时还是一位喜欢接受新事物的人。

一天清晨，林肯到大街上散步，突然发现一家名为《智慧》的杂志社前围了很多人，他也好奇地走了过去，结果发现在华丽的墙上开了一个小洞，旁边写着："不许向里看！"林肯和大多数人一样，在好奇心的驱使下争先恐后地向里张望，发现里面是用霓虹灯组成的《智慧》杂志广告。

这一极具创意的广告形式让林肯对这个杂志产生了浓厚兴趣，于是在下一年到来之前，他也订了一份。第一期的杂志果然没有让林肯失望，当他拿到杂志的时候，发现这本《智慧》不论内容还是版面设计，包括版式装饰和印刷质量，都做得相当出色，这让林肯感觉到了杂志社的用心。

某天，处理完公事后的林肯，顺手拿起一份刚到的《智慧》杂志阅读，读到一半的时候，他发现中间有几页没有裁开，他知道，在杂志的印刷和剪裁过程中，出现这种失误的可能性不是没有，只是很遗憾，自己遇到了这也许千分之一的状况，这让他有些扫兴，于是顺手将杂志放在了一边。

晚上，林肯躺在床上思考问题，突然想到，既然《智慧》杂志办得如此出色，它的管理必然也是十分严格的，照例说不会出现这种失误，他马上联想到杂志社在墙上开小洞做宣传广告一事，难道这里面藏着什么新花样？他马上翻身下床，找到杂志，并小心地用小刀把中间的几页裁开。

果然不出他的所料，其中的一页有段内容被纸糊住了，他毫不犹豫地用小刀一点点将糊住的纸撬开，发现了这样一行字：

“恭喜您，您用您的好奇心和接受新事物的能力获得了本刊一万美元的奖金，请将杂志退还本刊，我们将负责调换新杂志并给您寄去奖金。”最后的落款是《智慧》编辑部。

出于对编辑部这种利用读者好奇心启发读者智慧的做法的欣赏，林肯马上提笔，给编辑部的主编写了一封信。不久后，他收到了新调换的杂志、奖金以及编辑部的来信：

“尊敬的总统先生，这次在我们故意印刷装订错误的300本杂志中，获得奖金的只有8个人，绝大多数人只采取了将杂志寄回并要求重新调换的做法，看来，你的确是真正的智者，根据您来信的建议，我们决定将杂志改名。”

这本杂志正是后来风靡全世界的《读者》，当编辑部的人将机遇同时摆在300个人面前时，绝大多数人熟视无睹，只有8个人抓住了这个可能获得改变的机遇，为什么这些人能够在平凡中发现非凡，获得奖金，最重要的原因正是好奇心和接受新事物的能力，当然，对于中上层的家庭来说，一万美金可能对生活没有太大改观，但对于一个面临失业和贫困的下层家庭，一万美金无疑是生活中的大惊喜，而更大的惊喜是，他们能够用这笔钱实现一个久久萦绕心头的愿望，令生活变得更加美好。

让我们反思一下，如果你遇到这样的事情，会是什么样的结果，是小心翼翼地裁开那可能由于错误装订而粘在一起的杂志，还是干脆将它丢在一边，或充满愤怒地寄回，并要求重新调换？相信有不少人会找到这样的借口：“我那么忙，怎么有工夫研究这个？”“幸运之神怎么可能降临在我的头上？”并因此而错过这个发现新事物、获得奖励的机会。

在生活当中，其实每个人都拥有获得更好生活的机遇，一些商家常常会打出这样的广告：“某某产品，让生活更美好。”“科技，让生活更便捷。”假如你对此充满抵触，不愿尝试新事物所带来的改变，那么这些便利和美好将永远与你失之交臂。因此，你必须意识到一点：只有具备接受新事物的能力，你才能获得更多机会，也唯有积极享受新事物，才能让生活变得更加美好。

快乐不会不请自来

每天清晨，当你看到鲜红的太阳从东方升起，你会想到些什么呢？不少人可能会抱着对生活的无奈心态，抱怨那些永远完不成的任务，或做不好的事情，显出一副对生活厌倦的态度，还有人或许会感叹：“快乐究竟在哪里，为什么我总看不到呢？”

实际上，只要仔细想想就会发现，错的并不是生活，而是对于自我心态的选择，如果你始终不去尝试寻找快乐，享受蕴涵在生活中的快乐，那么快乐绝不会不请自来。

你可能会抱怨自己的仕途不顺，但回头想想，也许你有个和睦的家庭；你也许会觉得自己生活贫寒，但你却可能拥有健康的体魄；也许你感觉自己的生活条件很差，但你的子女也许聪明乖巧、成绩优异……

由此可见，每种事物、每个人都会有不尽如人意的地方，但同时也会有令人欣慰的一面，如果一味看到阴暗和低沉，那么你将始终生活在阴霾当中，如果你善于从生活中发现美好，找到快乐，那么生活中一定会充满阳光。

曾在杂志上看到这样一则育儿故事：三岁的东东从小待在奶奶身边，一直从事中学教育的奶奶，是一个生活态度严谨、不苟言笑的老人，为了教育好自己的孙子，奶奶对他一直十分严格，所以东东从小做任何事情都有板有眼，态度认真。当然，这并不是坏习惯，但东东妈妈却发现，孩子几乎不会笑，在其他同龄孩子玩得很快乐的时候，他总会表现出少有的成熟和稳重。一次，妈妈无意中听到东东自言自语："唉，什么都不好玩。"

为了不让儿子那么小就享受不到快乐，东东妈妈想方设法，希望教他从生活中寻找快乐的方法。一天，她带着东东去森林广场游玩，天很热，东东很想吃冰激凌，却担心妈妈不给买，什么都没说，只是不停盯着路上拿冰激凌的小朋友。看着他渴求的目光，妈妈毫不犹豫地给他买了一个大大的冰激凌，东东高兴地边走边吃，满足极了。

太阳的炎热让冰激凌化得很快，突然，东东一个不小心，冰激凌掉在了地上，散成一片。刚刚兴高采烈的东东一下子愣住了，眼圈开始泛红，眼泪也在眼眶里转了起来。妈妈知道他一定担心自己受到批评，再加上好吃的冰激凌掉在地上吃不到，对一个孩子来说，无疑也是很大的打击。

妈妈轻轻地拍了拍东东的肩膀："小男子汉，怎么了？是不是因为吃不到想哭了，没关系，咱们再买一个。"没想到东东非想要回原来这个，妈妈想了想，笑着说："反正都掉在地上了，捡起来也不能吃了，不如这样，正好你穿着凉鞋，干脆咱们玩个游戏吧，踩冰激凌！这么热的天，凉凉的冰激凌踩上去一定很舒服！等一会儿咱们回家的时候，妈妈再给你买个更大的，回去吃。"

听了妈妈的话，东东马上破涕为笑，脱了鞋子踩了上去，妈妈在一边鼓励他："重重地踩，看它从脚趾间跑出来。"小家伙照着妈妈的话去做，冰冰黏黏的冰激凌从他的小脚趾缝儿里冒出来，引得他兴奋地大叫。看到玩得不亦乐乎的儿子，妈妈也高兴地笑了。

这位聪明的妈妈利用孩子的好奇心和爱玩的本性，帮孩子从生活中找到了快乐，同时激发了他的童真，这不仅会让孩子重新变得天真无邪，更能影响到他一生对于生活的态度。事实上，无论是成人还是孩子，都要有一颗善于发现的心，因为你只有积极寻找快乐，快乐才会来到你的身边。

在《论语》中，我们不难看出，孔子对生活的态度十分积极，他经常引导学生从生活中寻找快乐，“贫而乐，富而好礼”，他说：“饭疏食，饮水，曲肱而枕之，乐亦在其中矣！不义而富且贵，于我如浮云。”在于丹老师讲《论语》的时候曾说过这样一句话：“其实《论语》的真谛，正是告诉我们如何才能过上我们心灵所需要的那种快乐生活，提高生活质量。很多时候，幸福快乐只是一种感觉，与贫富无关，却同内心相连。”她还说：“我们的眼睛总是看外界太多，看心灵太少。”

于丹老师说的没错，在这个世界上，尽管每个人都有不同的文化背景，不同的机遇和命运，但对于努力拼搏仍无法实现的目标，我们必须顺其自然，正确对待，保持良好的心态，如果只是一味患得患失，为生活担忧，为工作焦虑，为琐事烦恼，那么不仅得不到任何快乐，还会活得很累，享受不到源自生活的乐趣。毕竟快乐不会不请自来，只有放下忧愁，才能就此获得。

有人可能会问，我也想寻找快乐，过上简单轻松的生活，但总是做不到，究竟如何才能将悲观的心理变成乐观的心理呢？这需要做到以下几点：

1. 在工作中获得乐趣

很多人都觉得，只有自己喜欢的工作才能从中获得快乐，但真正从事自己喜欢的工作之人又有多少呢？很多人为了生计，不得不选择与志趣相悖的工作，再加上工作节奏的不断加快，痛苦和烦恼很容易就会产生。这当然是种遗憾，假如你不幸成为这其中的一员，千万别自怨自艾，尝试着从原本枯燥的工作内容中寻找快乐，有时哪怕只是一点小的成就，一个领导的认可，或某位同事的夸赞，都能让你逐渐喜欢上这份工作，并从中获得乐趣。

2. 从生活中找到快乐

想从生活中找到更多的快乐，你需要活得潇洒一点，时刻寻找生活中的闪光点，充分享受生活带来的乐趣：唱歌、跳舞、钓鱼、骑马，甚至偶尔打打小游戏，这些都能让你得到心理上的愉悦体验，当然，更重要的是你必须有一颗时刻寻找快乐的心。

3. 正确看待人生

每个人都有自己的人生观，你的人生观正确与否，和你是否能快乐生活有着重要关系，一个有正确的奋斗目标、积极心态、强烈自信的人，很容易找到属于自己的快乐，而快乐所带来的自然是心态上的年轻和身体上的健康，因此，为了让自己生活得更好，正确对待人生，积极寻找快乐无疑是最好的办法。

4. 拥有一颗平常心

有些人对自己的要求苛刻，总希望自己做到最好，一有不如别人的地方就无比忧虑，其实这大可不必，无论是对人还是对事，拥有一颗平常心，让自己变得坦然，不仅会让你的生活变得更快乐，还能让成功来得更容易，因为只有不患得患失，才能将所有心思用在自己努力争取的事情上，这样，你自然离成功越来越近。

懂退让才能更快乐

曾听人说过这样一句话：“一个人的快乐，不是因为他拥有的多，而是因为他计较的少。”仔细想想果真如此，无论是在生活中还是工作中，有所舍才会有所得，只有懂得取舍的人才能得到更多，所以适当退让、学会放弃是一种难能可贵的智慧，也是一门精深的学问。

很多人都会下象棋，作为我国古老发明的一种，象棋不仅是锻炼脑力、提升智慧的游戏方式，还蕴藏着中国人的人生智慧，懂象棋的人都知道，真正的高手往往能够从大局出发，不争一子之得失，着眼于长远，走一步看三步，甚至更多，有战略布局的造势，也有策略设圈的埋伏，在退让迂回之间得到无穷的乐趣；而初学象棋的人，则只能从局部出发，走一步看一步，没有长远的眼光，往往为争一子之得失而陷入对手的圈套，进而损城失地，输掉棋局。

某大学教师在课上讲过一个印度的马哈丛林的猎人捕捉猴子

的方法，其实很简单，在一个牢固但透明的盒子里装上猴子特别爱吃的核桃，盒子上面开一个小孔，刚好够猴子的前爪伸进去，但只要抓住核桃爪子就抽不出来了。聪明的猴子常常会因此而难以脱身，最后被猎人抓获。实际上，想不被抓住也不是不可能，只需要退让一步，松开前爪，放弃到手的核桃，但几乎所有的猴子都和那个根本吃不到的核桃较上了劲，最后不但吃不上，还丧失了自由。

当我们嘲笑那些不愿放弃核桃的猴子时，是不是也应该反思一下自己呢？在生活中，又有多少人因为针锋相对、不肯退让而徒增烦恼，甚至失去更多呢？在教室里，有人会为了一个根本没有准确答案的问题争论不休；在大街上，有人会为了谁先走一步而吵得翻天覆地；办公室里，有人会为了区区几十块的奖金弄得鸡飞狗跳……仔细想想，究竟是什么让我们斤斤计较，最终得不到快乐，问题并非出在别处，恰恰在我们自己身上。

有人可能会说："我一味地让，别人就会乘虚而入，变本加厉，我更不会有好日子。"其实，这不过是你想当然的结果，事实上，人生如果没有了退让，生命将担负起难以承受的重量，不但影响你轻装上阵，更有可能让你感受到不能承受之重，甚至被打垮。而懂得退让道理的人，不仅会得到别人的赞扬和理解，还会成就自己的高风亮节，赢得快乐和坦然。

我国古代有个脍炙人口，千百年被人们津津乐道，并逐渐成为彰显中华民族美德，告诫世人的典范和楷模的故事，那就是关于仁义巷的传说：

在明朝的时候，有一家姓郭的人家，因为邻居王三成家建造房屋，被挤占了一墙之地，觉得气不过，于是和王家理论，一来二去，两家人的矛盾不断升级，双方各不相让。恰好，这个郭姓人家有个功名显赫的近亲，那就是明朝太傅郭朴郭阁老，家里人为了撑门面，派人到京城送信，将此事禀报给当时已经是当朝阁老的郭朴，希望他能出面为家人撑腰出气。

贵为阁老的郭朴看完家信，心里已经明白了几分，他马上叫人润墨，给家人回了封信。因为不知他的想法，看到回信，郭夫人很开心，连忙拆开细看，却发现信中只有四句诗：

“千里捎书仅为墙，让他三尺有何妨。万里长城今还在，不见当年秦始皇。”

出身书香门第的郭夫人看到郭朴的信，马上暗自思量：自己的觉悟太浅了，没有那么大肚量，即使再让他几分，自己又有多大损失呢？想到这里，她马上让家人从自己宅院的一边让出了三尺宽的地方给邻居王三成使用。

听说郭家写信告状的事情之后，邻居王家始终忐忑不安，担心因为这件事遭到政府打压，没想到郭家收到回信，不仅不再去争被自己多占的地方，反而给自己又让出了三尺，很是感动，不禁想到：人家京城有那么大的官撑腰，位高权重，还给咱一让再让，真是高风亮节，令人敬佩，可自己家却占了人家的地方，还理直气壮的，真是太不应该了。于是，他主动将自己的墙拆掉，也往后退了三尺。

最初，两家人你争我夺，不仅没有给自己争取到一点利益，还惹得一肚子气，但郭阁老的一封寥寥数语的书信，却让邻里两家和好如初，最终你让我，我也让你，竟然让出了一条街道来，后人为了感念郭阁老义让宅基的品行，为这条小巷取名“仁义巷”。

俗话说：“退一步海阔天空。”事实正是如此，在很多时候，懂得退让不仅仅是一种令人钦佩的行为，更能让自己的内心变得坦荡，获得快乐。其实不仅如此，如果在事业上能明白这个道理，你所赢得的，也许不仅是快乐，还会有更大的成功，日本铃木集团的崛起正是由退让开始的。

最早的时候，日本铃木公司的创始人铃木道雄在和德国西门子公司就有关技术合作问题进行商务谈判的时候，陷入了困境。西门子公司坚持技术使用费提成率必须占到销售总额的9%，而铃木道雄则不赞成，经过艰难的讨论，西门子将提成率降到了5%，却提出了新的要求，那就是将技术转让费定为60万美元，并一次付清。

此时，掌握合同签订主动权的西门子公司一步不让，将所有协议条款定得滴水不漏，而对于刚成立不久，总资产不足4个亿日元的铃木公司来说，60万美元的技术转让费无疑是个沉重的负担。铃木道雄陷入了两难选择，听任西门子公司的摆布，公司必然会陷入财务危机，而如果不答应，自己的公司将会失去一次发展壮大的好时机。经过反复思量，铃木高瞻远瞩地决定退让一步，毅然签订了这份合约。

从表面上看，这一合同的签订铃木道雄似乎落了下风，不仅作出了妥协和让步，还接受了西门子公司种种不公正的条款，但由于铃木公司从西门子公司获得了最新的研究成果，他们在很短的时间内一跃而起，为发展成驰名全日本乃至全球的公司打下了坚实的基础，并确立了国际大公司的地位。事实证明，这一适当的妥协和退让，成就了一个伟大的企业，而铃木道雄也因此身价倍增，成为国际上的知名总裁。

每个人在生活中都会遇到各种各样的事情，假如没有好的心态和措施，不懂得宽容和退让，这些困难就会成为过不去的坎，解不开的结，伤了自己，也伤了别人。所以，你一定要学会退让，因为只有退让才能让心胸更加宽广，未来更加美好，也只有退让才能让你更快乐。

Chapter 6

正视挫折吧，天不会塌下来

冬天是无法抗拒的，你能做的就是迎接春天

雪莱的一句“冬天来了，春天还会远吗”说出了大多数人的心声。每个人都知道，冬天是无法抗拒的，但在心中都会有对于春天的期待，正是这种期待，支撑着我们熬过严冬，迎接新的春天。

其实人生也是这样，俗话说“人生不如意事十之八九”，尽管每个人在表达对他人祝福的时候，总会说“事事顺心”这个词，可真正能事事顺心的人，却少之又少，没有谁会毕生一帆风顺。在我们的一生当中，不知要遭遇多少考验，遇到多少挫折，才能最终看到成功的曙光。所以在遭遇命运严冬的时候，你所要做的只能是正视，而不是抵抗，在等待春天的过程中，只能是期盼，而不是拒绝。

正如每年都会有严冬一样，每个人都会遭遇挫折，在日常生活中，挫折可谓无处不在，问题在于你是否懂得面对挫折的办法。悲观的人也许会因为挫折的到来而惊慌失措，哀叹命运的不公，甚至就此放弃，一蹶不振，再也没有勇气尝试；而自信的人无论面对多大的挫折和打击，都会坦然处之，“兵来将挡，水来土掩”。

虽然只是不同的选择，但这两种行为的结果却截然相反，

既然挫折无法避免，也无从抗拒，那么最好的办法就是整装待发，准备迎接挑战，努力战胜挫折。成功不是唾手可得的，只有在哪里跌倒就在哪里爬起来，坚持不懈，永不言弃，才能最终斩获成功。

乌云有时会遮住太阳，但却无法永远裹住太阳；冰雪可能会壅堵道路，却无法永远阻止前行的脚步。其实挫折就像乌云和冰雪，只要你是一个强者，那么挫折终将无计可施，而经历过挫折洗礼的你则会变得更加坚强。生活告诉我们，失败并不可怕，可怕的是因为畏惧失败而主动放弃的行为。

抗拒冬天的人，很难感受到春天的温暖，回避挫折的人，则不会摆脱挫折的困扰，只有正确面对，善待挫折，才能使挫折变成走向成功的垫脚石和进军途中胜利的号角。事实证明，缺乏挫折耐性的人很容易将生活中的某个断面、某个阶段甚至某件事情看做生命的全部，甚至将人生的某个瞬间当做生命的永恒，而在人生道路中，这些断面和阶段屡见不鲜，如果遇到风和日丽就满面春风，自以为少年得志，而遇到风雨飘摇，则认为是世界末日，拒绝向前，那么你将永远与成功失之交臂。

可以这样说，挫折是成功途中严酷的考验，但只要你勇敢向前，经受住这一考验，那么必定会走完自己的理想征程。每个人奋斗目标的高低是与可能遇到的挫折成正比的，古往今来，但凡成就大业的英雄，几乎都是在挫折中一再奋起，在风雪中奋勇向前，在惊涛骇浪中一再搏击的人。古语道："宝剑锋从磨砺出，梅花香自苦寒来。”古今成就大事者，正是因为经受住了冬日的严寒，才最终看到了春之生机。

在美国曾经有这样一个人，他二十一岁的时候开始学做生意，但因为经营不善，最终血本无归；二十二岁时，他转而想要往政界发展，准备角逐州议员，却由于实力不够而落选；二十四岁，不服输的年轻人再次尝试进入生意场，依然失败了；二十六岁，他的妻子离开了人世。

在种种挫折之下，二十七岁的他一度精神崩溃，但在经历了十多年的努力和坚持后，他再次站了起来，并在三十四岁时角逐联邦参议员，不料再度落选。此后，他愈挫愈勇，尽管连年失败却始终没有放弃。在经历过几次落选后，他终于在五十二岁时，当选了美国的第十六任总统。很多人已经猜到了，他就是美国历史上著名的总统——林肯。

由此可见，成功者是需要毅力和非凡勇气的，试想，假如林肯在遭遇到第一次挫败后就一蹶不振，或在遇到人生中最大困境的时候选择放弃，那么美国历史上将不会有这样一位政绩显著的总统，他也将永远默默无闻。

其实不仅是历史上的名人，作为普通人，经历一些挫折也并非是件坏事，“自古雄才多磨难，从来纨绔少伟男”。在我们成长的道路上，有坦途，也有坎坷；有鲜花，也有荆棘，如果你在打算摘取鲜花时担心被荆棘刺伤手臂，那么对你来说，鲜花只能是可望而不可即的。

当然，每个人在面对挫折的时候，都会感到惊慌失措，不敢应对，甚至只想逃避，因而使工作和生活受到影响。究竟应该如何去做，才能更好地应对挫折，又有什么办法能够进行调试呢？

1．要做到沉着冷静，不慌不怒

在面对挫折的时候，首先不能乱了阵脚，俗话说："船到桥头自然直。"只要做到沉着冷静，不慌不忙，办法一定会想出来。

2．要努力增强自信，鼓起勇气

无论遇到多大的困难，只要有信心，有勇气，敢于面对，那么什么挫折都能迎刃而解，即使找不到解决方法，也能想出合理化解的办法来。

3．要掌握移花接木的方法，做到灵活机动

假如一个较大的目标一时无法实现或很难达到，那么你完全可以用比较容易的目标来替代，或将大目标分解开来，做到灵活机动。

4．积极寻找原因，及时理清思路

遇到挫折后，你首先要做的不是自暴自弃，也不是不计后果地拼命挽回，而是静下心将可能产生的原因找出来，然后再去寻求解决问题的办法。

5. 作好情绪转移，寻求情感升华

如果发现所遭遇的困难无法解决，心理上难以接受，你可以通过自己的业余爱好，比如音乐、舞蹈、写作、绘画、体育锻炼等方式，让情绪得以调试，情感得到升华。

6. 学会幽默和自我解嘲

在必要的时候，“幽默”和“自嘲”是宣泄积郁、平衡心态、制造快乐的良方。当你遭受挫折的时候，不妨采用阿Q的精神胜利法，用“吃亏是福”、“破财免灾”、“有失有得”等调节一下失衡的心理。或者“难得糊涂”，冷静看待挫折，用幽默的方法调整心态。

在面对挫折的时候，能够虚怀若谷，大智若愚，保持一种恬淡平和的心境，是彻悟人生的大度。当我们发现冬天无法抗拒的时候，就需要保持健康的心境，随时升华精神，唯有如此，你才能迎接到更美的春天。

没有站不起来的人，只有拒绝坚强的人

只要在这个世界上生活，每个人都会面临种种考验，遭遇现实的残忍，谁也无法改变这些现状，同时无从遏制生命旅途中将

要面临的艰难困苦和逆境厄运，当这一切注定要发生的时候，你是像鸵鸟一样把头埋在沙堆里不肯面对，还是勇敢地接受挑战，一次又一次地站立行走呢？

回想一下，在我们蹒跚学步的时候，几乎都是从一次又一次的跌倒中开始的；当我们尝试着独自吃饭时，几乎都会有饭菜不断掉落的经历。虽然我们不自知，但事实上这些都是坚强的表现。然而随着我们渐渐长大，很多人将儿时的坚强忘在一边，当你被困难压倒，遭遇命运考验的时候，开始畏首畏尾，遇到挫折就停滞不前，找种种理由，以求心理安慰。

有人可能会说："并不是我不想站起来，而是根本站不起来。"其实这不过是些借口，正如《老人与海》中桑提亚哥说的那样："你尽可把他消灭掉，可就是打不败他。"在这个世界上，没有站不起来的人，只有拒绝坚强的人。

从我们出生的那一刻开始，我们就开始有了自己的生活，自己要走的路，每个人都是一个独立的无可替代的个体，这也注定了我们必须独自承受来自于成长的磨砺，谁也帮不了我们，因此我们必须学会坚强。

纵观古今中外，但凡取得过成就的人，几乎都有失败的经历，也大多有遭受命运嘲弄的时刻，但正是由于他们的坚强和坚韧，才最终有了"宝剑锋从磨砺出，梅花香自苦寒来"的境界。

很多人都用过江民杀毒软件，但却很少有人知道这一软件的创始人居然是一个因小儿麻痹症而导致终生残疾的人，这个人就是王江民。他出生在山东烟台的一个普通家庭，三岁的时候患上了小儿麻痹症，病愈后落下了一条病腿。

儿时的王江民从记事开始就不能像其他孩子一样蹦蹦跳跳，而只能一瘸一拐地走路，年幼的他不能和小伙伴一起奔跑、跳跃，甚至连楼都下不了，每天只能守在窗口，看大街上熙熙攘攘的人群。随着年龄的不断增长，王江民开始有了自卑的感觉，在别人的嘲笑和孤立下，他觉得自己是上帝的弃儿。

那时他唯一的乐趣就是无聊时拿一张小纸条，从中间撕开，然后将身体探出窗外，往楼下“放转转”，看着小纸条轻盈地旋转、落地，他常常希望自己也能一跃而下，摆脱俗世的困扰，但家人的温暖使他一次又一次打消了这个念头，浑浑噩噩地生活着。直到有一天，他看到了高尔基的一句名言：“人都是在不断地反抗自己周围的环境中成长起来的。”

这句话让他迫切地想要增强自己的意志力，适应社会，适应环境，征服人生道路上的坎坷与磨难。他知道，想获得社会的认可，改变自己的命运，必须从战胜自己开始，然而对他来说，想要走出人生的第一步可谓异常艰难。当时自行车是唯一的出行工具，因此会骑车子也是一种成功的象征，于是王江民决定学会骑自行车。

对于正常人来说，骑自行车也许并不是件困难的事情，但对于腿脚不便的王江民来说，这无疑是个重大的考验，他有一只脚根本没劲，连站立都需要支撑物，更别说悬空了，每次只要一上车一只脚就站立不住了，经过多次摔跤之后，他决定先不学上车，而是把自行车放稳后爬上去，随即身体向前使劲，这样自行车就开始往前走了。

开始的时候，他常常会连人带车重重地摔倒在地，弄得遍体鳞伤，但他并没有气馁，而是一次又一次站起来，继续练，千万次摔倒之后，他终于征服了那辆看似无法驾驭的自行车，也终于可以和正常人一样骑车外出了，那一刻，他更加感觉到残疾无法阻挡理想的实现，更不能阻碍自己做任何事。随后，他又学会了不依靠外力行走，在冰冷的水中抬头游泳，就这样，他凭借坚强的毅力不断挑战自己，打开了本不属于他的一扇又一扇大门。

也许很多人不敢相信，王江民其实并没有上过大学，甚至在38岁的时候才开始学习电脑，但他却开发出了中国知名的杀毒软件，并在2003年跻身“中国IT富豪榜50强”。他的成功从某种角度来说也是做人的成功，是战胜自己意志的成功，更是不向命运低头的成功。

在现实生活中，每个人都会面临挫折、无奈、委屈与病痛，这些磨难并不是上帝想要打垮你的武器，而是他给予你的机会，孟子曾说：“天将降大任于斯人也，必先苦其心志，劳其筋骨，饿其体肤，空乏其身，行拂乱其所为，所以动心忍性，曾益其所不能。”其实正是如此，只有你接受了命运的挑战，用坚强的信心面对诸多考验，才能站立起来，成为上天的宠儿。

有人可能会想，怎样才能让自己变得坚强呢？我们知道，只有经过淬火之后的钢铁才会变得更加坚硬，也只有经历严寒的梅花才能开得更艳，其实人也是如此，想要拥有坚强的心必须要经历种种磨难，而这些磨难，有些是外界环境造就的，有些则需要你自己用心经历。

其实生存原本就是一个巨大的博弈场，在博弈中我们不可能不受伤，也不可能总是风平浪静，无惊无险，自然界有适者生存的法则，人类也一样，唯有坚强才能挺过一个个难关，唯有坚强才能迈过一道道沟坎。可以说，坚强就是一种信念，只有拥有这种信念的人，才能拥有与命运和厄运抗衡的勇气，拒绝坚强的人永难得到上天的青睐，而积极迎接挑战的人，则必然能披荆斩棘，勇往直前，最终完成人生的满意答卷。

接受帮助不等于受人施舍

随着社会的不断发展和生活节奏的不断加快，人们的生活开始变得丰富多彩，素质也在逐步提升，但心理却开始变得越来越敏感。很多人在遭遇困境的时候，不愿意接受别人的帮助，以为接受了帮助就等于受到了施舍，甚至还有人拿出古人“不食嗟来之食”的例子来说教，拒绝别人善意的帮助。

《读者文摘》中曾有这样一个小故事，说的是一棵娇弱的小葡萄藤，常常为自己活在这个世界上而感到欣喜，她从土壤中汲取水分和养料，从阳光中获得力量，使劲地往上长。年轻力壮的小葡萄藤觉得自己能够很好地应对生活，一切都能靠自己搞定。然而冬天悄悄地来临了，风残雨啸，雪不留情，小葡萄藤损伤严重，变得虚弱萎蔫，成了小病秧子。

在这样严酷的情况下，小葡萄藤感到绝望极了，寒冬漫漫，而她的藤枝已经变得枯萎无力了。该怎么办呢，小葡萄藤感觉自己无计可施，这时她听到了一个声音，另一棵葡萄藤对她大喊："这里，把手伸到这儿来……搭在我身上。"小葡萄藤犹豫了："这意味着什么，我一直可以很好地应对一切，什么都靠自己，怎么能受人施舍呢？只是现在……"

过了一会儿，经过激烈的思想斗争后，她小心翼翼地朝另一棵葡萄藤伸展过去。"看，我可以帮助你。"那棵藤大声说，"把你的蔓缠在我身上，我就能帮你抬起头来。"小葡萄藤信任地照做，瞬间又可以站直了。

狂风一遍一遍地吹过，暴雨一次又一次淋过，连暴雪也袭击了好几回，每当危险临近，小葡萄藤都会附着在其他许多藤条上，尽管她们在狂风中不停摇摆，在冰雪里瑟瑟发抖，但在集体力量的支撑下，她们始终微笑并成长着。

几天后，又一次的风雪到来了，小葡萄藤低头的时候，发现有棵幼小的藤条正在摇晃，看上去好像吓坏了，她对比她还小的葡萄藤说："来，到这儿来，搭在我身上……我会帮助你。"就这样，她们的团队越来越凝聚，所有藤条共同生长，叶茂，花繁，最终结满水晶般的葡萄。

其实在必要的时候，接受别人的帮助并不意味着你在接受施舍，而是保存自己。当然，你所要做的除了接受，还应将帮助延续下去，在你力所能及的时候，帮助需要帮助的人。

王明是个大三学生，因为学校离家比较远，需要坐几十个小时的火车，所以一年只回家一次。放寒假的时候，他随着拥挤的人流上了火车，并很快找到了自己的座位。一路上，他低着头看书，到晚饭的时候，他突然发现钱包被偷了，于是连忙制止了正在打菜的服务员。

和他同排坐着的一位中年妇女说："小兄弟，我这里刚好有五块零钱，你先打一份饭吃吧。"王明的脸刷的一下就红了："不，谢谢，我不饿。"因为家境贫寒，敏感的他连忙拒绝了别人的帮助，因为他觉得接受别人施舍是件没有面子的事情，同时也是承认自己的无能。

第二天，王明觉得肚子很饿，头也开始晕了起来，在别人吃早饭的时候，他故意起身去了卫生间。到了吃午饭的时候，旁边的中年妇女小声说："小兄弟，我看你是个大学生吧，我给你买份饭吃没关系，再不吃东西，你会饿坏的。"可王明还是婉言谢绝了。

下午的时候，中年妇女准备下车，临行前，她把手里的杂志递给了王明，说："这本书我全看完了，送给你吧，一路上很无聊。”王明看着她诚恳的眼神，接过了书并连声道谢。火车开动后，他打开书，发现里面有一张50元的钞票和一张纸条，他惊呆了，只见上面写着：“小兄弟：帮助别人是美德，但有时敢于接受别人的帮助，也是一种美德。因为拒绝别人的善意，有时往往会伤害别人善良的心。”

这件事让王明一直铭记在心，大学毕业后，工作之余，他经常帮助别人，也时常想起那位善良的中年妇女，希望有一天能再次遇到她，对她真诚地说一声：“谢谢。”

在我们打开电视的时候，常常会看到这样的镜头：飞机上，年轻力壮的小伙子帮别人把行李放在上面的行李架上，并以善意的微笑回敬别人的感谢；街头的垃圾箱旁，一位男士帮双手拿着垃圾无法开箱的女士打开垃圾箱上盖，她以微笑致谢，那位先生微笑着说“不客气”；餐厅里，一位客人的衣服从椅背上滑落，一位素不相识的过客主动拾起衣服交给主人，主人连连道谢，过客摇头微笑……

这些场景往往会让我们感动，这些帮助者和被帮助者的微笑也为我们营造了一个和谐的氛围。然而在现实生活中，这样的场景却并不多见，有时甚至会出现另一种情况：

一位常年在国外工作的女华侨，一次回国探访亲友，朋友相别十多年，重逢后都感觉很高兴，她真诚地全心全意地对待所有的老朋友。聚会结束的时候，刚好下起了雨，她主动提出开车将其中一个家远的老友送回去，然而她的善意却被其他几位老友误解，以为她对那位老友“有意思”，这让她百思不得其解。

很多人在面对别人帮助的时候，首先去想的并不是接受别人的帮助并感谢别人，而是出于一种恶意猜测，这让人与人之间的关系在变得微妙的同时也变得更加冷漠。事实上，人生在世，没有谁能够仅靠自己的力量取得成功，也没有谁不需要他人的帮助，独立固然重要，但在必要的时候也不要拒绝别人善意的帮助，能回报的尽力回报，不能回报的铭记在心，这才是最明智的做法。

放弃了乐观就等于放弃了希望

曾经听说这样一句话：“什么叫乐观？就像茶壶一样，屁股被烧得红红的，还有心情吹口哨！”当然，这不过是博人一笑的言辞，但细想起来却不无道理。在我们的日常生活中，难免会遇到种种问题，有种种不尽如人意，此时抱有乐观心态和悲观心态的人所获得的结果截然不同，这不仅关乎你生活得是否快乐，更关乎你能否获得成功，因为在很多时候，放弃了乐观就等于放弃了希望。

美国著名教育家卡耐基曾说：“生活的快乐与否，完全决定于个人对人、事、物的看法，因为生活是由思想构成的，如果我们想的都是欢乐的事情，我们就能欢乐；如果我们想的都是悲伤的事情，我们就会悲伤。”

我们常说：“笑一笑，十年少。”其实这是有理论依据的。屠格涅夫有句话恰好说明了这一点：“乐观是养生的唯一秘诀，常常忧愁和愤怒，足以使健康的身体变得衰弱。”其实不仅如此，积极的人总是用最乐观的精神和最辉煌的经验支配、控制自己的人生；消极者则刚好相反，他们的人生总是处在过去的种种失败与困惑的阴影里。

每个人的人生轨迹各不相同，也拥有着不同的命运，但不可否认的是，没有谁会一生顺利，毫无挫折，在同样的事情面前，积极的态度肯定会改变一个人的生活方式，尽管这并不能保证每件事都心想事成，但坚持消极态度却必败无疑。在残酷的社会和现实的生活面前，我们很难看到哪个抱有消极态度的人能获得真正的成功，而有着积极乐观生活态度的人却能将压力转化为动力，进而自强不息、努力向上，主动寻找一切办法，一步一步迈向成功。

从小在家境殷实的环境下长大的东东从来没有过过穷苦的日子，也从不为生活发愁，他的乐观让白手起家的父亲深为担忧，因为在父亲看来，没有受过苦难的东东并不是真的乐观，他如果生活在另一种条件下，很可能不会感觉这么轻松。

一天，东东爸爸携全家到乡间游玩，突然想让儿子感受一下穷人的生活，于是他把儿子留在了一户非常贫困的农场人家里。

第二天，东东爸爸来接他，本以为他会很沮丧，没想到东东兴高采烈地跑出来迎接，还念叨着说没有玩够。

爸爸问东东："亲爱的孩子，昨天在这里住得还习惯吗？感觉怎么样？"

"太棒了爸爸，我还想再待几天。"

爸爸很疑惑，继续问他："你看到穷人怎么生活了吧？你从中看到了什么？"

东东回答道："咱们家只有一条狗，而他们有四条；咱们家的花园中间有个小泳池，而他们家的小溪却没有尽头；咱们屋子里是进口灯具，但他们家窗外却有漫天的星星；咱们的天井一直到前院那么大，他们却拥有全部的旷野。"

听了儿子的话，爸爸陷入了沉思，原来儿子的乐观情绪已经深深地渗透进了心底，他能发现生活中最美的一面，并以此为优势，怡然自得。这下爸爸终于放心了，因为他知道，这种乐观会对东东的一生产生积极的影响，哪怕将来家里没有如此好的条件或在生活中遭遇到种种考验，东东都能够勇敢应对，并获得解决方法。

静下心来想一想，像东东这样的心态，你有吗？假如没有和大自然融为一体的心灵是不能有此感触的，因为乐观的情绪需要自然的启发和心灵的撞击。那么看待事物的方式是否真的是决定一切的因素呢？如果心中有爱，家庭幸福，朋友团聚，幽默乐观，身体健康，你就拥有了一切。这些都是金钱难以买到的，只要心态乐观，你能够拥有你所能想到的一切物质财富甚至未来的储备，但如果你始终消极，那么你将一无所有。

有人可能会问，我的悲观情绪是天生的，是不是就注定一生只能存有消极情绪了呢？其实不然，无论是积极还是消极，乐观还是悲观，通过后天的经历，都能相互转换，那么想保持乐观情绪，需要如何去做呢？

1. 时刻微笑待人

俗话说："笑一笑，十年少。"微笑能够让肺部扩张，促进血液循环，增加机体内快乐的成分，因此无论在家还是在外，时刻保持微笑，不仅会让周围人觉得你平易近人，更能让你时刻拥有乐观心态。

2. 学会利用镜子

每天照镜子的时候，让自己露出一个开心的笑脸，并挺起胸膛，深吸一口气，然后唱一小段歌或吹吹口哨，并记住自己快乐的表情。无论遇到什么事情，想想你镜子里可爱的笑脸，你会觉得轻松许多。

3. 学习运用幽默

运用幽默是能在生活中发现快乐的特殊方式，它能够让你从容应对很多令人不快、烦恼甚至痛苦、悲哀的事情。一个会使用幽默的人，通常很难被挫折打倒。

4. 忘记不愉快的经历和事情

遇到让你沮丧或难过的事情时，不要总把思绪纠缠在此，要试着抽离，并培养广泛的兴趣，多做其他事情，这样既能充实生活，又能保持心情愉快，还可以作为化解紧张情绪的手段。

5. 多参加有益的文体活动

努力培养自己活泼进取、开朗积极的生活态度，在平凡稳定的生活中创造追求的源泉，谱写快乐的人生。

6. 别对生活太苛求

无论任何时候，对环境和他人都不要提出不切实际的非分要求，并时刻告诉自己快乐的核心是自我满足。

7. 不要轻易发火

不管别人如何做，或故意想要激怒你，都要克制，时刻暗示自己：“我是一个豁达的人，一个心胸宽广的人。”这种暗示不仅能让你很快平息怒火，更能让你保持乐观积极的心态，不会因怒火中烧而做出过激的举动。

实际上，再乐观的人都会有消极心态产生，但只要你明白，只有乐观才能让生活充满希望，然后时刻注意，努力保持，不断自我修炼，你就能在消极中成熟，在积极中强大。很多事情，别人只能给你一个方向性的引导，想要真正变得乐观，还要靠自己的心态，因为态度决定一切。

在现实面前，你怎样选择

在我们的一生当中，总会遇到很多岔路口，向东走，还是向西走，向南走还是向北走？也许每个人的答案是不同的，而每种选择所带来的结果也是截然不同，甚至相互背离的，也许有人会问，怎么才能知道什么是对的，什么又是错的呢？我该如何选择？

事实上，很多事情并没有是非对错之分，只是你的心态不同。在现实面前，很多人也许会在哀叹生命不幸，等待希望降临的瞬间，与幸运之神擦肩而过，而有些人则会当机立断，选择自己钟情之路。

随着时间的一天天流逝，童年的无忧无虑早已随风而逝，少年的浪漫往事也随着日历飘逸在岁月的风中……日子飞速前进，往事如烟云，而未来的时光又如一条无声的河流，在义无反顾地朝身后延伸。太阳每天都是新的，人生的每一页日历上，也都会有新的诠释。

其实仔细想来，每个人的一生都会有许多困难和失败，但这些只能算做岁月之歌中一串不太协调的颤音，通过勤奋拼搏，依然能够奏响生命乐章的动听之音，也同样能够赢得观众热烈的喝彩，然而如果你因表演中偶然的失误而怀疑自己，放弃演绎，那么除了失败和失望，很难获得别的结果。

事实上，所有挫折并非上天的不公，而是命运的考验，也许你会遇到贫困、疾病、挫折、失败，但这些恰恰是上天逼你去创造和珍惜重新开始的机会，让你有朝一日苦尽甘来，要知道，遭受打击和嘲讽，并不意味着你必须宣告失败，只要你能正确地选择，生命之花依然会对你展露笑颜。

李晓是个命苦的孩子，从小就失去了父亲，三岁的他只能和妈妈相依为命，靠着妈妈微薄的薪水养家糊口。但命运之神依然没有眷顾他，在李晓刚上小学五年级的时候，一次车祸再一次打乱了他们平静的生活，和李晓一起遭遇车祸的同学当场死亡，他虽然捡了条命，但却因为腿受了伤，站不起来了。经过一段时间的治疗，他终于能走路了，却变得一瘸一拐。

好不容易回到校园的李晓，敏感地觉得周围同学看他的眼神充满着嘲笑，上体育课的时候，他只能站在一边看别人踢毽子、玩跳绳、打篮球，自己却什么都做不了，这让他十分难受。原来，李晓的学习成绩始终在班里数一数二，但经过这段时间的治疗，刚到学校就赶上测试的他，只拿了班里的第二十一名，这让他再也不肯去上学了，每天在家大喊大叫，抱怨老天把自己生在这样一个家庭，还遭遇种种打击，妈妈无计可施，只得终日以泪洗面。

几天后，李晓的班主任王老师来家里看他，发现他正在拼命地砸自己的双腿，恨自己为什么不能像正常人一样行走，王老师过来拍了拍他的肩膀，说：“小伙子，为什么不去学校了？”李晓哭着说：“我就是个废人，不能跑不能跳，学习也学不好，我去学校干吗呀！”

王老师坐在他身边，温和地问他：“还记得咱们上次课外活动，我讲过的张海迪姐姐的故事吗？”李晓点了点头，老师说：“你想想，比起张海迪姐姐，你这点儿伤痛算什么？”

李晓说：“张海迪姐姐那么优秀，我怎么能跟她相比？”

“你也很优秀啊，你看，你一直学习那么好，明年一定能上个不错的中学，然后将来上个喜欢的大学，实现你的理想。”看到李晓有改变想法的意思，王老师继续说，“我记得你一直希望自己能成为一名作家，要知道，作家必须要有坚定的信念和坚强的意志，像现在这样自暴自弃是不行的！”

老师的话让李晓觉得很惭愧，但他还是不太愿意去学校，他说：“我现在行动不方便，同学们会嘲笑我的。”王老师奇怪地说：“怎么会呢？同学们都很想念你，盼着你回去呢！你看，这是同学们给你写的留言本，他们上课来不了，托我交给你的！”

翻看着留言本上稚气的字体和语言，李晓感觉是自己多虑了，原来同学们都很在乎他，也愿意继续把他当成好朋友，和他一起学习，一起进步，忍不住又哭了。

王老师笑着说：“小男子汉，别哭了，老师知道你是个坚强的孩子，其实每个人一生中都会遇到各种各样的困难，也会面临各种各样的选择，而每一种选择所带来的都是不同的结果，就像现在，你选择坚持下去，努力学习，实现理想，还是选择自暴自弃，每天在家怨天尤人，将来肯定是不一样的，不信，咱们可以打个赌！我相信你只要振作起来，下个学期还能是班里的前三名！”

听了王老师的话，李晓破涕为笑，第二天他整理好书包，坚持自己走到了学校，当他发现同学们温和地看着他，热情地招呼他一起玩的时候，终于确定了自己的选择。期末的时候，他果然再一次成为班里的第二名，并获得了优秀班干部的奖状。

实际上，在我们的人生道路上，很多事都有两面性，在现实面前，如何选择比遇到什么更为重要，那么当我们遭遇不同境遇的时候，究竟应该如何去做呢？

1．学会感悟失落

每个人都曾憧憬过未来，每个人也都向往着成功，但在人生的旅途中，偶尔也会出现枯叶凋零；在乘风远航的生活中，偶尔也有会桅杆折断的一瞬。无论生活的脚步是轻盈还是沉重，我们从中不仅能品尝到失败的痛苦和迷惘，同时也能享受收获与快乐。当我们成功的时候，我们自然会欢喜雀跃，当我们失败的时候，也不能因此一蹶不振，而应该及时总结跌倒的原因，把孕育的信心重新树立起来，微笑面对明天。其实不管是从辉煌的成功中走出，还是在失败中奋起，未来只有在不懈的追求中才能稳步前进。

2. 让自己变得乐观

乐观的心态是失意后的坦然，是平淡中的自信，也是挫折后的不屈，困苦艰难中的从容，每个拥有乐观心态的人都能拥有透视人生的眼睛，也拥有了战胜一切的力量，乐观是希望的渡船，同时也是勇敢面对、奋勇向前的动力，无论你遇到什么情况，都要相信，只要活着就有力量建造自己辉煌的明天。

3. 懂得甘于平凡

漫漫人生路，每个人都有不同的成就，每个人也都是平凡的一员，在我们面对人生的时候，往往会感觉淡而又淡，为此很多人会觉得惆怅，其实这不过是庸人自扰，因为平凡也是一种美丽，只要你肯耕耘，平凡也能孕育收获；只要你肯积累，平凡也能孕育深邃。唯有平凡才是告别了物质的炫耀之后的深刻，只有平凡才是辉煌追求之后的沉思，要知道，正是无数个平凡的日子组成了我们多彩的一生，因此我们必须懂得甘于平凡，只有这样，才能享受到人生的另一番情趣，获得另一份宁静的美好。

有时，换个角度也挺好

在每个人的生命旅途中，总会发生各种各样的事情，而在不同的人身上，往往会遇到类似的场景。当同样的现实摆在不同人的面前时，不同的心态，看待事物的角度会截然不同。很多时候如果你换个角度，以乐观、豁达、体谅的心态来关照自己，认识自己，那么生活就会变得更有希望。

很多时候，当不幸降临或遭遇挫折，一味后悔慨叹、自暴自弃已经无法解决问题，再多的伤心和失落也无济于事，但如果换个角度去考虑，从失败中寻找经验，从不幸中看到幸运，那么事情一下子会变得容易许多。

汶川地震之后，很多灾后重生的人因为经受不住来自身心的打击，想以自杀作为解脱，不仅辜负了当初冒死救助自己的人，也为自己并不圆满的人生画上了句号，而另一些人在遭遇到灾难之后，庆幸自己的劫后余生，更加积极努力地面对生命，用坚强谱写出一曲生命的赞歌。由此可见，不同的角度，不同的心态，所获得的结果有着天壤之别。

当你学会换个角度，你就会认识到，其实生活中的苦和累，开心和舒坦，完全取决于人的心境，牵涉到对于生活的态度和对事物的感受。换个角度看自己，你会更加从容淡定，勇敢面对多舛的人生，在忧伤的瘠土上寻找痛苦的成因、教训及战胜痛苦的方法，让灵魂在布满荆棘的心灵上作出勇敢的抉择，去寻找人生的成熟；换个角度看自己，你就会在生活中获得快乐，心灵就会变得豁亮，没有烦恼。

有位尽职尽责的母亲，辛苦了大半辈子，养大了两个女儿，大女儿嫁给了一个卖伞的生意人，二女儿开了一家小染坊，两个女儿都有了不错的生活，但这却使母亲天天忧愁，天晴的时候她担心大女儿家的伞卖不出去；天阴的时候，她又忧伤二女儿染坊里的衣服晾不干，就这样每天忧愁，不多久头发就全白了。

一天，远方的亲戚来看她，惊讶于她的衰老，不禁问她："辛苦了大半生，终于两个女儿都找到了幸福的归宿，你怎么还不开心呢？"这位母亲说出了自己的忧愁，亲戚说："阴天的时候，你大女儿家的伞会更好卖，你应该高兴才是；晴天的时候，你二女儿染坊的生意好，你也该高兴啊！其实你每天都有值得高兴的事情，天天是好日子，你干吗不捡快乐专拾忧愁呢？"

听到这位亲戚的话，老母亲感觉豁然开朗，从此她笑口常开，幸福地度过了自己的晚年。

事实上，人的一生，总难免会磕磕碰碰，遇到不开心就生气，遭到天灾人祸就痛不欲生，那么日子就会过得异常难熬，假如跳出来，换个角度去想，一切将变得不一样。有位哲人曾说："我们的痛苦并不是问题本身所带来的，而是伴随我们对这些问题的看法而产生的。"这句话告诉我们，做人一定要学会解脱，只有懂得解脱之道，才能拥有继续生活的勇气，也才能生活得更好。

在一个夏天的傍晚，有位美丽的少妇投河自尽，恰好被一位清洁工救了起来，当时清洁工正在河中清理河道。把少妇救起后，他好奇地问："姑娘，你年纪轻轻，为什么要寻短见？"

少妇哭哭啼啼地说："我结婚才两年，丈夫就遗弃了我，接着孩子又病死了，你说我活着还有什么意义？"清洁工听了沉吟了一会儿，问她："两年前，你是如何过日子的？"少妇说："两年前我每天上班，下班，自由自在，无忧无虑啊！"

清洁工继续问道："两年前你有丈夫和孩子吗？"

少妇很奇怪地回答说："没有啊，你问这个干什么呢？"

"呵呵，那你不过是被命运之船运送到两年之前了，现在你又自由自在无忧无虑了呀，请上岸吧！"清洁工高兴地说。

听了清洁工的话，少妇揉了揉眼睛，恍然大悟般上了岸，道谢后离开了这里，从此再也没有寻过短见。

其实，少妇之所以回心转意，是因为在清洁工的提醒下，她从另一个角度看到了自己，也看到了另一种生的曙光。在很多时候，我们所有的苦难和烦恼都不过是依靠自己过去生活中的经历所作出的错误判断，此时，我们不妨跳出来，换个角度看自己。如果做到这一点，你就会发现，所谓战场失败、情场失意、商场失手，不过是一种过往，新的开始还在等着我们，只要向前，突破自己，超越自己，就能得到新一轮战斗的权利，而前方，又是一个未知的美好世界。

人生在世，不可能事事尽如人意，遇到挫折和困难都需要自己去化解，这也是换个角度想问题的方式之一。或许有人会问，当我遇到了困境，要怎样才能更好化解呢？其实这并不难，只需要三句话。

1. “不要紧”

无论发生任何事，也不管事情是大是小，既然已成事实，就要对自己说“不要紧”，因为积极乐观的心态是解决和战胜任何困难的第一步。要知道，上天对每个人都是公平的，它在关上一扇门的同时，必定会打开一扇窗。

2. “算了吧”

生活中有很多事，是你经过再多努力都无法企及的，毕竟每个人各有所长，也各有所短，如果某件事你多方尝试均无法达到要求，那么就对自己说“算了吧”，只要你努力过，争取过，其实结果并不像想象中那么重要。

3. “会过去的”

不管雨下得有多大，也不管会连续几天，总会有晴天的时候，所以无论遇到什么困难，只要你以积极的心态面对，就会等到雨过天晴的那天，在遇到看似遥遥无期的苦痛时，告诉自己“会过去的”，会徒增很多勇气和力量。

换一个角度看自己，是一种突破和解脱，也是一种超越和高层次的淡泊宁静；换一个角度看世界，你会觉得世界无限宽大；换一个立场看人生，你会觉得人生处处美好。当理想和追求不能实现时，当你感觉自己渐入困境时，不如换个角度看待人生，这会让你慢慢感觉到，其实天天都是好日子。

别不敢承认你的失误

当遇到挫折和失败的时候，很多人的第一反应总是埋怨合作者，或跟自己一起做事的人，把错误推到别人身上：“都怪你！”“你怎么不好好看着？”“看看，我说什么来着，错了吧？”而很少有人会主动承认自己的过失。事实上，这不仅是一种逃避，更是一种不明智的做法。

不管错误和失败究竟是谁引起的，只要你参与了，无论怎样怪别人，你也脱不了干系，哪怕你并不是主要的责任人。这时，最为明智的选择就是怪自己没选择好，主动承认你的失误，因为任何时候，只怪自己始终都是最明智和正确的生活态度。

我们在大街上经常会看到这样的场景，蹒跚学步的宝宝不小心摔倒在地，家长连忙上前，一边把孩子拉起来，一边说：“宝宝没事儿吧，都怪地不好，让宝宝摔跤了！”很多家长都觉得，尽管这样做对疼痛的减轻并无直接效果，但能够找到一个责怪的对象多少算是一种安慰。

事实上，这并不是件好事，虽然孩子很快被哄好了，但这种安慰的直接后果却是，他因此学会了如何找“替罪羊”，如何逃避责任。长大后，这些孩子每当遇到挫折，总会不自觉地找出很多客观原因来为自己开脱，实在找不到原因就抱怨说自己的命不好，进而一次又一次地欺骗自己，证明不是自己的过失。

王海是一家贸易公司的老总，从白手起家到小有名气，公司在他的经营下一天天红火起来，而他也由当初的名不见经传，成为业内响当当的人物。然而最近一段时间，他却遇到了“霉运”，原本蒸蒸日上的事业突然间陷入窘境，公司里多年来一直忠心耿耿跟随他左右的两个业务副总也相继离开了他，更让他难以接受的是，这两个看似忠厚老实的员工，居然跳槽到他竞争对手的公司去了。

内外交困的情形让王海十分恼火，他责怪过去的战友背叛了自己，抱怨公司的业绩越来越差，从此沉湎在愤怒和伤心中，不再相信别人，动不动就发脾气，结果造成了恶性循环，公司上下人心涣散，正常工作难以继续，陷入了更大的困境。

一味从别人身上和外界状况找原因的王海疏忽了一点，那就是自我反省。他从没想过在自己身上找原因，更没有抽出时间反省一下。实际上，公司之所以会走到这一步，是经营管理上出现了问题，作为公司老总的他，理所当然要承担主要责任。

一天，当他再一次和朋友说起公司的困境时，有位多年的哥们儿终于忍不住提醒了他：“你有没有想过自己的问题？会不会是你哪里做的有问题，才造成了今天的局面？”他愣住了，回去后，他认真反思了一下，自己确实有不可推卸的责任，即使是别人的背叛也首先是因为自己用人不当，之所以走到今天这种地步，很多事情都是因为自己的固执。

想到这里，王海才终于醒悟，他在公司大会上主动承认了自己的失误，并向全体员工承诺，自己不会再固执己见，希望所有人团结一心，和公司一起渡过难关。经过整个团队的努力，公司的业务量开始慢慢多了起来，运营也渐渐步入了正轨，这时他才意识到，幸好自己及时醒悟，不把所有过错归咎在别人身上，不然公司将面临更大的危险。

在很多时候，怨天尤人实际上是一种懦弱、不成熟的表现，因为它掩盖了自己不能面对的现实，还留下了将来可能重蹈覆辙的隐患。而不客观地责备他人，则会衍生出新的矛盾，带来更多困扰。明智的人都知道，一个真正意义上的强者有时并不是一个一帆风顺的幸运儿，而是要经历各种痛苦和挑战，战胜各种艰难险阻之后最终获得成功的人，而战胜一切的前提，首先是要战胜自己，想要战胜自己，则必须要懂得反省，勇于承担，敢于承认自己的失误。

从某种意义上来看，敢于承认自己的失误无疑是一种进步，很多人不肯认错无非是顾及到自己的面子，不肯让别人看出自己的失败。事实上，在这个世界中，根本没有常胜将军，所有自我的包袱和面子其实在你勇敢地承认自己的失误之时都会悄然放下，同时你也会因此而变得轻松，所谓“吃一堑，长一智”，只有善于总结自己的人才能将失败的教训变成属于自己的财富。

一个敢于承认自己失误的人是有力量的，这种力量不仅会让你免于遭到他人怨恨，还能让你获得他人的敬重，因为在所有人眼中，严于律己的人都是高尚的，他会因此拥有包容整个世界的力量，让所有人钦佩其不凡的风度并乐于与之交往。

同时，敢于承认失误还是一种境界，有些人即使错误不全是自己的，也愿意承担下来，因为他们知道，过分地责备于事无补，生气更不能解决任何问题，而从自身检讨才是唯一可行的道路，且能带动其他人的反省和反思。

很多人都知道，在这个世界上，最难战胜的人其实是自己，假如一个人已经到了只剩下自己一个对手的时候，实际上他已经是天下无敌了。了解到这一点，想拥有成功人生的你，是否已经决定做到敢于正视挫折，敢于承认失误，敢于承担责任了呢？

Chapter 7
欣然打开成长的大门

充电永远不该被抵触

随着市场经济的急速发展和社会发展的飞速前进，职场上的竞争开始变得越来越激烈，也越来越残酷，曾有这样一则寓言，很能代表如今的职场现状：

茫茫的大草原，当夜幕降临的时候，一头狮子在沉思：“当明天太阳升起的时候，我一定要拼命奔跑，争取追上跑得最快的那只羚羊。”与此同时，一只羚羊也在琢磨：“当明天太阳升起的时候，我一定要拼命奔跑，只有逃脱跑得最快的那只狮子的追赶，我才能活命！”

如今的职场，越来越多的员工如同不断提高奔跑速度的狮子和羚羊一般，时刻存在着危机感，时刻对自己的知识结构、知识层次存在质疑，随时希望能提高自身能力和价值，以求合乎“生存法则”，不被残酷的职场所淘汰，这也成了很多人充电的理由。

在我们成长的过程中，其实危机感应该是永恒的，只有存在危机感，才能不断成长，不断进步，进而获得更好的未来。然而如今有些人却对此理论嗤之以鼻，认为自己很了不起，根本没有必要充电，甚至感觉只有那些不够优秀的人才会总拿着“充电”做噱头，用来标榜自己学了多少东西。

事实上，这只是一种误区，并非学得不好的人才需要充电，在知识性社会的今天，无论你从事什么工作，是什么身份，都需要不断学习，而充电也并非标榜自己的工具，真正值得标榜的，并不是你学过什么课程，取得了什么学历，而是你拥有了哪些能力，能够做哪些事情，只有这些，才是你真正的竞争力。

黄英专科毕业之后，去了一家广告公司做出纳，随着公司一步步做大做强，后来进入公司的职员全部都是本科以上学历，新招聘来的甚至还有博士生，这让黄英感觉压力很大，自己一直兢兢业业那么多年，也很得领导赏识，假如仅仅是因为学历原因得不到提升，未免太遗憾了。

抱着这样的想法，黄英打算通过自学拿到本科学历，但让她感觉矛盾的是，自己是财务专业的专科毕业，本科要学点什么呢？生性活泼的她可不想一辈子待在枯燥的财务岗位上。陷入苦闷的黄英找到了比她大三岁，研究生在读的哥哥，想征求一下意见。

哥哥了解到她所在公司的性质之后，问她："你想在这个公司长久地发展下去吗？"黄英毫不犹豫地说："那当然。""那你还想做财务工作吗？还是想换个职位？"黄英想了想，告诉哥哥："我很想做营销管理，但我不想从底层的业务员干起，可现在就算给我个营销经理的职位，我也干不了啊！"

听了黄英的话，哥哥说："我们学校正好有个关于营销管理的课程讲座，每周三晚上在合堂教室，你不妨先去听听，如果真的感觉有兴趣，而且听得懂，那你本科就报营销管理吧！”听了哥哥的建议，黄英每个周三下了班就去听讲座，每次都听得兴致勃勃，而且越来越觉得喜欢，她毫不犹豫地选报了营销管理专业的本科自考。

在她还差两门没有考完的时候，公司人员调整，市场部的总监需要一个助理，黄英抱着试试看的想法去竞聘，没想到顺利被录用了，她如愿得到了自己喜欢的职位，而且薪水一下子翻了一番。

黄英的选择是明智的，在决定充电的时候，目标是十分重要的一点，有些人也许以为只要业余时间学点东西，考个证，所谓艺多不压身，不管有用没有，先学了再说。当然，学习并不是坏事情，但这种盲目学习并不是明智之举，要知道，充电肯定是为了谋求自己的职业能有更好的发展，所以在充电时，你一定要选择使自己的价值得到提升的专业或学历。要通过充电看到自己真正学到了什么东西，什么东西才能让“自我增值”达到最大化，假如仅仅为了拿一张文凭或多一张证书而费时费力，可谓得不偿失了。

很多人可能会有疑问，我没觉得自己哪里需要学习和进修啊，究竟什么时候才应该充电呢？当然，如果你觉得自己的能力还可以应付，且没有什么雄心壮志，你大可以得过且过，但当你遇到以下几种情况的时候，你就必须充电了。

1. 在你感觉专业知识匮乏的时候

我们都知道，大学里所开设的课程通常只有基础学科，应用性不强，也许这种专业知识的短缺暂时不会影响到当前工作，但因为缺乏专业背景和正规培训，很多在职者往往工作起来不够自信，当你感觉到自己从事某个工作总有些拿不准的时候，你就应该选择一个和自己职业相关的专业，赶紧补课，以充实自己的专业技能，提升自我价值，增加职场竞争力，不然很快就会被淘汰出局。

2. 在知识结构需要更新的时候

当今社会的发展可谓一日千里，知识更新的速度尤其如此，那些在学校里学到的知识，经过几年的磨砺除了忘掉的，就是被淘汰的，如果不继续学习，不接受新生事物，不用最新出现的知识和技术武装自己，当新的技术普遍运用时，你就可能最先被淘汰掉。想要在日新月异的职场中求生存，求发展，你必须主动更新自己的知识结构，掌握最前沿的技能和技术，时刻为自己补充能量。

3. 在你发现职业发展缓慢的时候

作为一名理智的职场人，你必须对自己的职业发展前景进行认真仔细的规划，当你发现自己在职业发展的过程中，处在一种稳定、徘徊、取得的进步很小甚至没有进步的状态的时候，你就应该提前为自己作好打算了。为了让自己职业选择的道路更宽，也为了找到更适合自己的职业和岗位，更快走出职场困惑期，你应该考虑为自己充充电了。

4. 在你缺乏职场安全感的时候

在变化不断的职场上，很多人即使已经身价很高，成为了高级主管或总监等高端人才，仍然没有安全感和归属感，甚至时刻战战兢兢，担心有人抢了自己的位置，更不用说人才市场上为数众多的中端和低端人才了，他们更缺乏应有的安全感。不管你身处何种职位，当你感到自己的地位不稳时，就要寻找机会，多读点书，报个班，给自己攒些本钱，避免随之而来的职场洗牌。要知道，在必要的时候，多几项技能握在手里，老板肯定会不舍得你走，即使是想跳槽或升职，只要你有能力，也不愁没有伯乐赏识。

当然，充电并不意味着你放下手头工作钻进学校再进修，充电也可以是随时随地的，读一本书，和同事探讨问题，向比自己懂得多的人进行请教，其实也是一种充电的过程，只要你不抵触充电，利用好生活中的点滴时间，不断要求进步，相信一段时间后，一定会有不错的提升。

不吸取经验教训的人永远不会成长

不管做什么事情，任何人都希望有一个好的结果，谁也不希望受到挫折，不希望自己是失败者，但我们都知道，失败和挫折是在所难免的，正如所有事物都有两面性一样，凡事只要存在成功的可能，就一定会有失败的可能。

当我们面临失败的时候，往往会有两种态度，有人会因失败而放弃，不再努力，或转而改变方向；有人则会从失败中吸取教训，总结经验，以求更好的突破。

毋庸置疑，不能从失败中重新站起来，或得到启发的人是可悲的，有人曾指出："失败不应该成为颓丧和失志的原因，应该成为新鲜的刺激。"不犯错的唯一方法就是什么事都不做，只要做事，就可能犯错，如果你为了不摔坏餐具而拒绝刷碗，别人会感觉你很懒惰；如果你为了不跌倒而不学习滑冰，别人会认为你很胆怯；如果你因为不想犯错而拒绝做任何事，那么你只能被别人当成傻瓜了。

当然，有些错误可能会造成严重的影响，成为所谓的"一失足成千古恨，再回头已是百年身"。但无论错误有多大，只要能从中吸取经验，你就能获得成长。有句名言说得好："失败是成功之母。"没有失败，没有挫折，将无法成就伟大的事业。

明智的人总会从失败中获得经验和教训，而愚蠢的人却常常重复同样的错误，不能从中获得任何经验，在真正的奋斗者眼中，失败和成功其实相差不大，只不过是不同方法得出的不同结果，它所给予人生的得与失，往往并不在于成功和失败的本身，而在于自己能够从中得到些什么。

几乎所有人都知道爱迪生的故事，在他的发明生涯中，他曾经历了不计其数的成功，但与此同时，他经历的失败同样不计其数，甚至曾为一项发明经历了八千次的失败。当有人问到他："为什么不放弃呢？"他说："尽管经历了八千次的失败，但我从中还是得到了想要的东西，那就是这八千次各种各样的实验方式是行不通的。得到这个结论，我觉得这些失败都是值得的！"

爱迪生对于失败的态度，无疑是明智之举，他既没有固执地不断尝试同一种方法，也没有因为不断失败而气馁，而是不断从失败中吸取经验，获得成长，并最终找到了成功的方法。他将每一次失败都用来总结经验，吸取教训，从而收获了最终的发明成果。

失败固然会给人带来痛苦，但随之而来的是可贵的经验，因为它不仅会让我们品尝到苦痛的滋味，也能向我们指出其中的缺点和失误，同时启发我们逐步走向成功。可以说，大多数的成功都是从失败中吸取经验后所得到的。

当然，如果你认识不到这一点，不肯从失败中吸取经验，那么最终的结果只能导致“失败越多越成功”的荒谬结论。这在历史上曾有个著名的例子：

我们都知道数学上有个平行公理，这一公理从问世以来，一直遭到人们的怀疑，几千年来，世界各国无数的数学家都曾致力于对此的求证和研究，但均告失败，数学家波尔约终身从事平行公理的证明却毫无成就，最终在绝望和痛苦中死去。

正当这个问题如同无底洞一般吞噬着人们的智慧而不给予任何回报时，罗巴切夫斯基获得了新的突破，究其原因，是在他经过七年求证而毫无结果时，他换了个思路，从失败出发，终于找到了数年来众多人求证失败的原因，他总结分析了失败原因之后，从本质上重新认识了这个问题，进而获得了成功。

这件事告诉我们，虽然“失败是成功之母”，但真的想要把失败转化为成功，不仅要接受失败的现实，还要经过不断的探索和科学分析，并从中吸取经验，进而获得对今后工作的指导，才能真正获得成功，不让失败白白到来。

其实很多时候，想找出失败的原因并不算难，但很多人常常会下意识地逃避这一问题，不肯积极面对，这也就造成了很多人无法从失败中获得经验，不能从失败中得到教训。那么当我们遭遇失败的时候，究竟如何去做呢？需要做到这样几点：

1. 树立正确的失败观

遭遇失败的打击，是人生中极其正常的一件事，毕竟没有谁能随随便便成功，任何人的成长过程中都不可避免地会遇到不同程度的失败打击。正视失败，认真分析失败所产生的主客观原因，正确对待它，那么不仅可以克服和消除失败所留下的阴影，还能很好地磨炼自己的意志。

2. 控制好自己的情绪

每个人在遭到失败打击后，都会感到紧张、烦闷、痛苦，同时行为上出现异常。在这种情况下，假如能够有意识地运用心理防御机制，采取一些比较积极的间接反应方式，合理劝诫自己，从失败中寻找原因，而不是总沉浸在失败的阴影中无法自拔，那么失败就会成为你下一次成功的铺垫。

3. 分散失败所带来的压力

当你受到挫折后，不要把痛苦闷在心里，也不要一个人反复品尝失败的苦果，可以适当向朋友或亲人倾诉，告诉他人自己所遭遇的打击，争取别人的谅解、同情和帮助，这样不仅可以减轻失败所带来的负面效应，还能帮你重新树立信心，越挫越勇，赢得最后的成功。

4. 转移自己的视线

不管做什么事情，遇到失败，一般人都会感觉度日如年，这时，适当参加一些健康的娱乐活动，到户外呼吸大自然新鲜的空气，放松一下心情，会让你的思路更加开阔，同时使视线得以转移，使内心产生积极向上的激情，从而增强自信心。

当做到以上几点之后，就需要沉下心继续努力了，首先要从自身开始，寻找失败的真实原因，自己检讨，同时也请别人帮助分析，相互对照学习，进而得出结论，总结经验和教训，重新开始新的挑战。

说声“谢谢”并不难

从小，我们就被家长和老师教育，要掌握文明用语，所谓文明用语，相信所有人都知道，其中最主要也是最常见的几个词是：“谢谢”、“不客气”、“请”、“对不起”、“没关系”。然而在现实生活中，很多人往往会忽略这些文明用语的存在，甚至出现大人不如孩子讲文明、讲礼貌的现象，有时似乎连说声“谢谢”，都会变得很难。

说起这个话题，很多人可能会说：“不是我不愿意说‘谢谢’，而是不好意思。”还有人可能会说：“我心里感谢就可以了，干吗非得说出来呢？”在一次对大学生的调查中，不少人表示：“其实我本来是想说‘谢谢’的，但看到周围人都没说，所以自己也不好意思说了。”

其实这些不过是借口，从另一个方面考虑，为什么不能是自己先说一声“谢谢”，然后带动周围的人也这么说呢？假如每个人都因为别人不说自己也不好意思说，那用不了多久，我们从小所掌握的文明用语都会被抛于脑后。

静下心来仔细想想，其实说声“谢谢”并不是很难的事情，当别人对我们有所帮助的时候，哪怕只是举手之劳，一声“谢谢”也会让人感到温暖，等下次你再遭遇难题的时候，他还会主动出手相帮，有时一声简单的“谢谢”，会让我们收获更多。

在某个刊物上，曾见到这样一个问题：“世界上最长的英文单词是什么？”很多人翻遍字典，找到了各种各样的词汇，但最后的答案却是“smiles”，很多人对此感觉无法理解，这个只有六个字母的单词，怎么会是最长的呢？当我们细看它的构造，就能发现其中的奥妙，在“smiles”中，两个“s”中间，隔了一个“mile”，这个单词可不是最长的吗？其实微笑就是这样，它往往能够将两个陌生人的距离一下拉近，也能将两颗原本很远的心凝聚在一起。

牛亮从小就生活在一个贫穷的家庭，因为家境不好，嫌贫爱富的母亲生下他不久就跟着别人跑了，家里只剩下老牛和嗷嗷待哺的牛亮。老牛没有什么本事，学历也不高，找不到很好的工作，只能给人打打零工，为了养活牛亮，他受尽了委屈。在生活的磨砺下，原本和蔼的父亲渐渐变得沉默寡言，动不动就发脾气，在这种环境下长大的牛亮也养成了少言寡语的习惯，平时不怎么喜欢说话。

一天，牛亮放学回到家，看到老牛做好饭正准备出门，于是告诉他：“昨天晚上我没睡好，中午要休息一会儿，一点半前叫醒我，下午学校有活动，老师说不许迟到。”老牛说：“我刚找了个工作，给人家送水，中午要出门一趟，好几个地方催着要，我一点半前尽量赶回来。”听到父亲这么说，牛亮吃完饭，放心地睡着了。

不料老牛回来晚了，牛亮起来才发现已经一点半了，离学校活动时间只有十分钟，可去学校还有三里多路，骑自行车显然会迟到，牛亮急得一跺脚，“哇”的一声哭了起来。老牛一边抹着脸上的汗水，一边说：“要不我叫辆出租车？”牛亮往外看了看：“咱家离大路那么远，等你喊来出租，早就晚了！”

正当他们一筹莫展的时候，一辆小轿车停在了门前，里面的人打开车门喊了声：“老牛，赶紧让孩子上车，我送他去学校。”老牛感激地说：“谢谢吴老板！”

下午放学回来，牛亮主动问父亲：“今天这个老板跟你啥关系啊？多亏了他，不然我就迟到了！”

“哪里有什么关系？人家是公司老板，我是个送水工，人家跟咱没啥关系。”

“那他为什么送我去学校啊？”牛亮好奇地问。

老牛想了想，干咳了一声说：“这我哪儿知道啊？”

牛亮说：“人家跟咱没什么关系，还开车送我，咱们应该谢谢人家才对。”老牛点了点头，觉得很有道理。于是爷俩头一次凑在一起商量如何答谢吴老板，最后决定由老牛买些水果去吴老板家当面致谢。

第二天下午放学，牛亮一进门就问："爸，你去吴老板家了吗？"

"吴老板不接受我的谢意，说只有你去才接受。你看，水果又给我退回来了！明天是周六，你正好不上课，我领你一起去吧。"虽然牛亮觉得很奇怪，但还是答应了下来。

周六下午，他们俩去了吴老板的公司，吴老板高兴地招呼爷俩坐下，看到吴老板帮他们爷俩倒水，牛亮赶紧起来帮忙，并说："吴老板，那天真是谢谢您，要不是您帮忙，我就迟到了。"没想到吴老板严肃地说："小亮啊，我让你来，其实就想亲口告诉你，你不该谢我，应该谢谢另一个人。"

看到牛亮满脸狐疑，吴老板继续说："这个人就是你的父亲。那天，你父亲给我送水的时候，浑身的衣服都湿透了，我问他怎么了，他说送完水还得回家喊你起床参加学校活动，可是三轮车坏掉了……他说完就跑了。我知道你们家的情况，这些年，你父亲很不容易，一个人拉扯着你，还做那么辛苦的工作，因为担心他赶不回去，我才开车去了你家……"

听到这里，牛亮的眼睛有点湿润了。吴老板又说："作为一个外人，我只帮了你一点小忙，你就想到要感谢我，你的父亲从小到大，为你付出了那么多，但你也许从没有说过一句感谢他的话。你现在长大了，更应该知道，你最该感激的是你的父亲！"

这时，牛亮已经是泪流满面。

过了一会儿，牛亮当着吴老板的面，冲着自己的父亲深深地鞠了一躬，然后说了一声："爸爸，谢谢你！"老牛身板一颤，看着儿子，笑着笑着，两串泪珠从眼里流了出来。

事实上，无论是对家人，还是对外人，也无论在任何场合下，说"谢谢"永远都不过时，也永远不是多余的，当我们在食堂打饭的时候，对递过早点的阿姨说声"谢谢"，你会看到她欣慰的笑脸；当别人帮你捡起掉落的东西时，对他说声"谢谢"，你会看到他灿烂的笑脸；当你伤心时，对陪你度过低谷的朋友说声"谢谢"，你会看到他明朗的笑脸；当你对正在操劳的父母说一声"谢谢"，你会看到他们欣喜的笑脸……

其实说声"谢谢"并不难，它不仅能让听到的人心情愉悦，更能让自己觉得心安，这种双赢的事情，何乐而不为呢？生活中，随处都有值得我们感激的人和事，也随时都会让我们收获感动和微笑，在我们接受帮助的时候，说一声"谢谢"，会让你得到更多的回报。

永远不容拒绝的感情

在我们成长的过程中，你也许早已习惯了这些美好的细节，比如父母悉心的照料、朋友热切的关怀、兄弟间的忠诚情谊、恋人间的小小甜蜜，其实在这些点滴中所包含着的，有时并不仅仅是表面上的温馨，更多的则是充盈的爱意。

当我们面对困境的时候，伸出援助之手的人往往会让我们感激涕零；当我们身处险境之时，第一个出手相救的人常常会让我们铭记一生，但在生活中，真正面临危难的时刻毕竟太少，能够考验身边人对自己好坏与否的准则也并不太多，但只要你掌握一个秘诀，就能知道身边的他对你是否专情。

曾听说过这样一个故事：某位学者到朋友家做客，女主人去厨房做饭，男主人则陪着学者在客厅下棋。一会儿工夫，女主人喊道："老公，你进来一下。"声音很大，语气却很温柔，于是男人一溜小跑，去了厨房。

出来时，只见他拿着切开的西红柿，边咬边问："该轮到谁走棋了？"

学者指了指他，然后好奇地问："你喜欢吃西红柿？"

"不是很喜欢。"男人一边咬着西红柿，一边抬头瞅了瞅厨房。

"那她为什么喊你，还切了那么大一块西红柿给你吃？"学者很奇怪，继续问道。

男人笑了，他说："她以为我会喜欢。刚结婚那阵子，家里很穷，我又馋，每次炒西红柿，她都会切一块，放在我嘴里。当时我确实很喜欢吃西红柿，不过现在不是太喜欢了。"

"那怎么不告诉她呢？"学者不太理解男人的行为。

男人解释道："为什么要告诉她呢？如果她知道我一直不喜欢她切的西红柿，你想，她会不会觉得很失望？她处处想着我，这让我很满足。"

两人一边交谈，一边下棋，男主人赢了，他冲着厨房扯开嗓子喊道："老婆，吃了你的西红柿，我精力充沛，思维敏捷，把老棋手赢了！多亏了你！"

回去后，学者感受颇丰，他知道，正是这种不拒绝，让这对夫妻的感情经久不衰，也正是这种不拒绝，让平凡的生活增添了许多幸福，他在自己的日记本上写道：对于你爱的人，千万不要拒绝，因为很多时候你拒绝的，并不是一个简单的动作或习惯，而是继续加深的感情。

学者的话是对的，在爱情中，表达尤为重要，然而表达并不仅仅是指口头上的甜言蜜语，无论是一个小小的动作，还是一个不经意的表情，在伴侣看来这都是一种表达，尤其是生活久了，爱情的表达就会成为一些鸡毛蒜皮的生活习惯，比如为对方沏一杯热茶，为爱人掖好被角，开一个无伤大雅的玩笑，或者往爱人嘴里塞一块西红柿。

当然了，这些表达有时你可能并不喜欢，茶水有可能太烫，被角也许根本没有掖一下的必要，玩笑或许一点也不好笑，或者西红柿的味道并不算好。但你千万不要拒绝，因为感情是永远不容拒绝的。其实，这种不拒绝并不仅仅适用于爱情当中，在生活的各个角落，对于这种隐藏在点点滴滴当中的感情，你都不应拒绝，反而应倍加珍惜。

有人可能会问，究竟哪些人值得我们珍惜，不容我们拒绝呢？这包括以下几种：

1. 与你朝夕相处的父母

当你将要出门的时候，他们总会千万次地嘱咐你多穿件衣服，要注意安全，和别人交往时要谨慎小心，这可能让你觉得心烦，但心底却有温暖长存；当你手头拮据时，他们总会说些赚钱不易的话来训导你，一边教训，一边却主动塞钱给你。这个人，就是父母。

2. 和你一起在打闹中长大的手足

曾有人戏称：“兄弟如手足，女人如衣服。”在很多时候，手足之情确实比其他都重要，和你在一起时，也许他偶尔会和你打架，偶尔会和你斗嘴，也许他“坏”到总和你抢点心，总喜欢向父母打小报告。然而一旦有人欺负你，第一个上前的一定是他，他不顾自己头破血流，也不让你受到任何委屈，他总是爱护你比谁都多，时刻让你感到和他之间的亲密关系。这个人，就是手足。

3. 让你一见倾心的恋人

当你慢慢长大，你的生命中会出现这样一个人，不见面的时候会一直惦记，见面时却又脸红心跳，什么话都说不出口。他总会轻易地把你的心揪住，让你无法忘怀，也能让你胡思乱想睡不好觉，却仍然感觉甘之如饴。他是你最甜蜜的负担，也是将与你相伴一生的人。这个人，就是恋人。

4. 跟你惺惺相惜的朋友

无论你内向还是外向，无论你善于交际还是不善言谈，你的身边总会至少拥有一个这样的人，他知道你一些不为人知的小秘密，当你犯错的时候，他会帮你找理由，在你遇到困难的时候，他会及时出手相帮。也许你会感觉抱歉，因为总会在麻烦到来时才想到他，但你同时会庆幸生命中出现了这么好的一个人，也许你们在一起的日子，走得比恋人还要长久。这个人，就是朋友。

除此之外，还有一个人，他总是在父母的保护下成长，在手足关系中获得定位，在恋人的呵护中找到真爱，在朋友的关心中得到温暖，他知道这些人经过了你的生命，也丰富了你的人生，他感谢他们带给你的一切，却总是说不出口，对了，这个人，就是自己。

不管你身处何方，有着怎样的经历和机遇，这五个人都会陪伴你的一生，无论你做过什么，将要做什么，这五个人都会默默关注你，给予你呵护和关爱，让你得到温馨和幸福。因此，在成长的道路上，对于这些人感情上的付出，除了感恩，更重要的是不要拒绝，因为你一旦拒绝，不仅会失去拥有爱的机会，还会让爱你的人感到伤心。

成长中不应拒绝风雨

成长是一件让人向往的事情，因为通过成长，我们慢慢长大，从嗷嗷待哺到长大成人；通过成长，我们不断磨炼自己的翅膀，最终飞上蓝天；通过成长，我们不断吸收知识，最终获得成功。然而，在渴望成长的同时，很多人都只愿做温室里的牡丹，却不愿做森林里带刺的玫瑰。

实际上，这是一种误区，更是一种逃避，俗话说：“天有不测风云，人有旦夕祸福。”跌倒的时候，有的人会躺在那里不肯起来，而有的人则站起来勇往直前，即使经过成千上万次的跌倒，也不肯屈服，并终于成为一个成功者。

上帝是公平的，他不会特别眷顾任何一个人，所以每个人都不可能一生一帆风顺，都会受到种种磨砺，如果一味拒绝成长中的风雨，你最终只能变成不堪一击的温室花朵，而勇敢接受成长的考验，则会变得愈加坚强，最终获得成功。

喜欢看神话故事的人可能会听说过这样一个故事，有个名叫阿格巴的哑巴马童，拥有一匹血统纯正的母马，一天，母马产下了一匹血统纯正的东方宝马，名字叫“闪”，但是不幸的是，母马在生产之后死去了。

一天，国王派遣阿格巴和其他五位马童去英国进贡包括“闪”在内的六匹宝马，在他们前往英国的途中，因为一次意外，“闪”的血统证书弄丢了，不甘放弃的阿格巴和他的宝马“闪”一同踏上了寻找血统证书的道路，经过种种艰难险阻，克服了种种难以想象的困难，坚强的阿格巴和“闪”终于找到了他们想要的东西，“闪”也最终成为了赫赫有名的“风之王”。

不拒绝风雨和艰难的阿格巴最终长成了健硕的年轻人，赢得了所有人的尊重；勇于面对挑战的“闪”最终在磨炼中长大了，获得了属于它的荣誉。其实，我们也能如此，每个人的人生道路上都布满了荆棘，但只要拥有顽强不屈的精神，就一定能在道路上闪耀光辉。

纵观古往今来，无数获得成功的人，在成长过程中，都曾有过艰难的考验，也都曾经历过风雨的洗礼。

很多人都听说过杨利伟这个名字，作为我国登上月球的第一人，杨利伟已成为我们心目中的英雄，但这个称号并不是那么容易就得来的，在他的成长过程中，曾经历过很多常人难以想象的困苦和磨难。

上中学的时候，杨利伟所在的县城还没有全部通上电，因为家庭困难，他买不起蜡烛，只能点着煤油灯看书，第二天一早起来，常常变得“灰头土脸”。到了冬天，为了省钱，他每天都借着火炉的光，一边取暖，一边看书。虽然家里的环境很差，也没有专门供他学习的房间，但因为学习刻苦，他的成绩一直是班里的前几名，尤其是数学。

初二那年，学校组织学生到附近驻地的空军部队参观，看到飞行员挺拔的身姿后，杨利伟立志做一名飞行员，为了锻炼出合格的体魄，他给自己制订了严格的健身计划，即使是节假日，他也毫不放松。就这样，经过了多年的艰苦训练，他终于如愿当上了飞行员。

设想一下，假如杨利伟当时由于家庭条件的限制，放弃努力，放弃自己的理想，那么他永远也无法获得成功，假如他拒绝成长中所经受的磨砺，拒绝接受命运的考验和艰苦训练，那么我国将因此而少了一位名垂青史的英雄。

在一本励志书中，曾写过这样一个故事：

那是一个深邃的山林，由于树高林密，阳光很难照射进去，所以除了高大的树木，那里几乎没有其他植物。有一天，一只路过的鸟儿将一颗小小的种子扔在了树下，那颗种子能否活下来，谁也不知道。

不久后，这颗种子被土壤埋住，不见了踪影。周围的树都以为这颗种子和以往所有遗落在这里的种子一样就此沉寂，不再出现，但没想到的是，一阵春雨过后，它奇迹般地露出了小苗儿。对于高大的树来说，这棵小苗是如此的微不足道，但它却没有因为自己的渺小而拒绝生长，因为它知道，别人不能左右自己，只要有坚定的意志，它就能存活，并生长得很好。

暴风雨来了，在电闪雷鸣和风雨交加之下，高大的树木顷刻间失去了往日的威严，东倒西歪，枝杈掉得满地都是，还有几个枝杈重重地砸在了小苗身上，使它本来就没有几片叶子的身躯变得光秃秃的。

这场洗劫之后，小苗重新睁开了惺忪的眼睛，虽然发现自己的叶子不剩几片了，但由于暴风雨的洗礼，它的根却扎得更深了，这让它感到欣喜，它终于一天天慢慢地长大了，不久就凭着自己坚韧的意志开出了花。

游人路过这里，不经意间发现了它，游人尖叫道："天哪，快看，这儿竟然有一朵漂亮的花！这么少的阳光，它是怎么长出来的啊？"很多人围了过来，细心的人发现它的躯干上布满了风吹雨打的痕迹，于是立刻明白了，正是顽强的生命力和不拒绝风雨的态度，让微弱的小苗长成了花朵，当人们意识到这一点的时候，不由得肃然起敬。

事实上，在我们的生命中，也会有种种风雨的考验，而只有经历这些不断的磨炼和风雨洗礼，我们才能获得成长，成长在阳光下的我们，都应该像这朵花儿一样，不拒绝风雨，不惧怕磨难，只有这样，才能让心中坚韧的花朵开得更加艳丽，才能获得长久的生命保证。

欣然接受现在的自己

某位名人曾说过这样一句话："在我们这个世界上，最使幸福可望而不可即的，莫过于有意寻找幸福。"确实如此，在现实生活中，没有人会一切如愿，也没有人能一帆风顺，尤其是在追寻幸福这件事情上，只有欣然地接受现在的自己，接受现状，并以此为乐，才能够生活得更加幸福和坦然。

最近网络上流行一个词，叫"活在当下"，从某种程度上来说，活在当下，并享受当下的人，无疑是最幸福的，而不愿意接受现在的自己，或始终处于忙碌寻找之中的人，只能在不断的找寻中痛苦不堪，无法达到幸福的彼岸。

有些人可能会觉得这是危言耸听，事实上却并非如此。杜郎曾这样描述过他寻找幸福的旅程：最初，他从知识中寻找幸福，结果得到的只是幻灭；随后，他又从旅行中寻找幸福，结果得到的只是疲倦；后来，他从财富中寻找幸福，结果得到了斗争与忧愁；最后，他又从写作中寻找幸福，但却只得到了劳累。

有一天，杜郎在火车站看到一辆小汽车里坐着一位年轻妇女，怀里抱着一个刚刚睡着的婴儿，一位中年男子从火车上下来，径直走到汽车旁，吻了一下妻子，然后轻轻地吻了一下婴儿——因为他担心把孩子惊醒，然后，这一家人开车离去了。

此时杜郎才惊奇地发现什么是真正的幸福，他高兴地松了口气，从此懂得：原来生活中的每一个正常活动都带有某种幸福。所以，作为凡人，不错过现在拥有的一切，欣然接受并喜欢现在的自己，你才能得到真正的幸福。

办公室里所有人各自忙着自己的工作，一个小小的电话打乱了所有人的思路，原来是王主编的电话。很多人好奇地凑了上去，因为王主编最近休了年假，订了去三亚的机票，说要到海边享受自然。助理露西接到电话，以为她会聊聊自己在海边的艳遇或超自然的体验，没想到她第一句话却是："这一期的杂志进行到什么地方了，快做完了吧？"围过来的人听到这里，无比沮丧地回到了自己的座位上，露西开始乖巧地向她作起了汇报。

挂掉电话后，露西开始抱怨："主编才走了两天，就又记挂起工作了，看来她对工作的感情远比自己要深，真是个工作狂！"

旁边的编辑刘芳连声附和："就是就是，成功人士可不都是工作狂嘛！他们的时间一半用来反省过去，一半用来思考将来。"

办公室里众人就这样你一言我一语地聊了起来，王欣坐在自己的桌前没有说话，却不由得想到自己最近的生活，为了弄好这一期的杂志，她每天忙东忙西，有时甚至有找不到北的感觉。昨天晚上王欣一会儿想到确定的杂志选题，一会儿想到没有完成的稿约，就那么和衣而眠，梦里还和别人讨论了一个晚上的选题，早上只能带着一脸倦容到单位来了。

想到这里，她不由得叹了口气，露西走过来拍拍她的肩膀：“怎么了，才女，思考什么人生问题呢？”

王欣笑了笑，说：“没什么，就是在想，你说，度假的时间要用来做什么呢？睡觉的时间又要用来做什么？”

“哈哈，刚才刘芳说的没错，成功人士和才女都一样，从来不考虑现在，你看咱们的王欣才女，居然会想到这样的怪问题，度假的时间自然用来度假，睡觉的时间用来睡觉啊！”

“那现在的时间要用来做什么呢？”王欣继续沉浸在问题中。

“傻瓜，当然用来做现在的事情啦，你脑袋坏掉了？”露西想都没想就扔下这句话，踩着新买来的小牛皮靴跑去咖啡间享受阳光了。

听到露西的回答后，王欣似乎有所觉醒，她马上想到了这一期杂志的其中一个选题——爱上现在的自己。

实际上，除了王欣，在这个世界上，抱着这些疑惑的人不在少数，从我们所受过的教育和现有文化传统所形成的思维入手，当我们提到“现在的时间用来做什么”的时候，很多人马上会回答：“为将来作准备”、“考虑做事的后果”、“不要过于注重享乐”、“想想今后的打算”……却很少有人会考虑，现在的我究竟好不好，很少人会想到，现在就应该做现在的事情，不要度假的时候担心回来后的工作，回来之后又开始向往下一次旅行，睡觉的时候担心明天的工作，而工作的时候又想着今晚一定要睡得安稳……

很多人总是看上去很忙，拿种种借口当做理由，不愿放下一切静下心来认真思考一下，自己究竟在做些什么，为了什么。很多人从小到大浑浑噩噩，初中的时候，对高中生活充满畅想；去补习班的时候，憧憬上大学之后可以休息一下；到了大学，坐在图书馆望着窗外，又开始期待毕业后的工作；而一旦工作，又想着如何晋升，怎样买车买房，过上好日子；只是这一切实现之后，又开始有了新的渴求……

当然，我们可以把这些当做有上进心和进取心的表现，但仔细想想，这样的生活快乐吗？人生正如一趟旅程，我们一直在匆忙地赶往下一站，却完全错过了这一站和沿途的风景，究竟是什么让我们成了现在这样呢？

也许有人会说，不满足才能不断进取，不满意才能奋发图强，其实这才是一切的症结，你始终对现在的自己不够满意，所以始终渴望在今后生活的某一时刻，某个华丽的转身之后，自己会变得更加完美，但事实上并非如此，无论我们的憧憬是否实现，无论我们实现了多么伟大的愿望，未来一旦到来，就成为了现在，而现在总是难逃惋惜和失望。

这成了一种悖论，每个人都在追赶未来，等追赶上的时候才发现，更好的未来还在前面等着，而面前的一切并不是自己想要的，不少人总抱怨："等咱有了钱，绝对不会待在这个可恶的公司工作。""等我有了大房子，就不会再这么拥挤了。""等我有了车，再也不坐该死的公交车了。"实际上，这些并不仅仅是你的期望，而是你对现在的否定，你只看到了公司的不足，而没有对它给你必要的物质而感恩；你只看到了小房子的狭小，而没有感受到它给你带来的温馨……就这样，你错过了人生中一个又一个原本十分幸福的瞬间。

事实上，一旦摈弃那个让现在和未来比较的视角，抓住现在的时光，欣然地接受自己，接受现状，那么你会惊喜地发现，这是你能够有所作为的唯一时刻。别去考虑已经过去的往日和自然会到来的明天，充分享受现在每一刻所带来的感觉，并沉浸其中，这样，你就能享受到成长过程中难得的美好。一个人，只要懂得如何抓住现在的时光并充分地加以利用，他也就选择了一种自由的、充实的、真正的生活，所以，从现在开始，接受并爱上现在的自己吧。

快乐，你不容拒绝的修养课程

每个人都是哭着喊着跑到这个世界上来的，这也就意味着，人在这一生中所遇到的痛苦和悲伤要远比快乐更多。从我们出生开始，首先要面临的问题就是生存，想要生存，就必然遇到竞争，有竞争，就必然会有压力。

因此，作为一个独立的人，我们只要选择活着，就注定要承受生存所带来的种种压力，升学、就业、晋升……在这些人生阶段和过程中，心态的好坏时刻影响着最终的结果。当然，快乐地活着并不代表你能做好一切，但不快乐不仅无法将事情做好，还会时刻感觉到不堪重负，最终被压力压垮。所以说，快乐是一门不容拒绝的修养课程。

无论你的处境如何，现况怎样，生活并没有拖欠你任何东西，因此在应对生活的时候，你完全没有必要苦着脸，而应该充满感激，毕竟它给了你生命，也给了你空间。

对于任何人来说，只要快乐地活着就是成功的人生，有人可能会反驳这种说法，但仔细想想你会发现，这种说法是成立的，虽然我们在成长过程中不断承受着各种压力，但只要有减压的方法和快乐的心态，那么生活就会变得美好起来，成功也离我们不远了。

很多运动员或看过运动员训练的人都见过这样的场景，几乎所有的运动员，为了增强腰部和下肢力量，都会在教练的指导下作一种压杠铃的负重练习。通过这种负重练习，运动员的力量，尤其是腰部和下肢力量会迅速增强，同时奔跑和跳跃的能力也会突飞猛进。

但这种训练必须适度，杠铃的重量也一定要适当，轻了效果甚微，而重了则很容易让运动员受不了，不仅如此，杠铃重量的增加还要因人而异，循序渐进。只有掌握了这个分寸，运动员才能从这项训练中获得提升，否则只能事倍功半。

实际上，这种训练就像我们人生道路中所必须背负的压力一样，适当地背负一些压力，既能锻炼个人的能力，也能促进社会的发展和进步，然而一旦压力过度，突破了身体和心理的极限，就会使人身心俱损，甚至彻底崩溃。因此，当感到自己不堪重负的时候，必须及时给自己减压，而减压的最好办法，就是快乐。

然而快乐并不是每个人都能拥有的，因为它同样需要理由，于是有人开始怨天尤人，责备上天不偏爱自己，怪命运多舛，抱怨事业不顺、家庭不和……从表面上看，这是造成不快乐的原因，但实际上它们却并非快乐的决定因素，因为真正决定你快乐与否的，只是你自己。世间万物都有两面性，而每个人也都有自己快乐和不快乐的理由，关键是，你是否愿意主动寻找快乐的理由。

刘枚大学毕业后，在一家小公司做文员，每天的工作内容很少，只是偶尔打打文件，做个报表，工作时间也很宽松，只要有事，就能请假不去，唯一美中不足的就是工资太少，这成了她每天抱怨的主要话题。因为工资低，尽管她生活得并不拮据，而且有很多空闲时间，但还是感到不快乐，天天愁眉苦脸。

终于有一天，领导找到刘枚，告诉她公司的营销部缺一个营销助理，工资比现在多一倍，问她愿不愿意换个岗位，听到这个消息，刘枚马上答应了下来，但事情却并不像她所想象的那么简单，工资确实高了，可工作压力也相应大了很多，每天不能按时下班，更不用说随便请假办自己的事情了，有时甚至周末也要加班加点。一段时间后，刘枚感到不堪重负，每天都在想着辞职的事情。

一天，她和大学同学出去喝茶，同学恭维她：“你现在身处要职，薪水也比我们都高，应该过得很快乐吧！”刘枚哭丧着脸说：“快别提了，我成天都快累死了，哪里还有什么快乐？”同学不解，她便说出了自己的苦恼，当初工作轻松的时候，抱怨自己工资低，现在工资高了，工作事务却增加了很多，让自己难于应付。

听了刘枚的抱怨，同学说：“其实你一直都有快乐的理由啊！当初工作很轻松，自由，压力小，想要得到快乐，就不能总想着自己的待遇不好，而应该多想想自己自由的现状；现在，尽管压力增加，事情也多了，但你想想自己丰厚的薪酬不就快乐起来了吗？”

在我们的现实生活中，不止刘枚，很多人都是这样，只看到让自己痛苦的一面，看不到值得快乐的地方，以至于每天生活在苦闷当中，难以自拔。所以说，快乐是一门必修的课程，只有学好了这门课程，你才能将生活打理得更加幸福。那么如何才能让我们获得快乐呢？需要掌握以下几种方法。

1．学会微笑

假如你一直让自己的情绪处在一种低落状态，比如耷拉着肩膀、走路拖拖拉拉，那么，你的情绪果真就会很差，如何才能改变呢？很简单，你只要深吸口气，抬起头挺起胸，脸上露出微笑，并摆出生龙活虎的样子就可以了。很多时候，微笑和打哈欠一样也是会传染的，只要你学会了微笑，即使自己再沮丧，只要对着镜子笑笑，很容易就能快乐起来。

2．学会放松

想要得到快乐，就要经常对自己说：“我觉得快乐，我能够在各方面越干越好，我会越来越快乐。”只要你反复对自己说类似的话，比如“我很放松”、“我很平静”等，这些话就会逐渐进入潜意识，并影响到你的情绪。

3．回忆趣事

在不开心的时候，多想一些开心的事情，可以让你的心态变得缓和，并逐渐产生快乐的情绪。还有一种方法，是尝试幻想愉快的心理体验，放松你的下巴，抬起脸颊，张开嘴唇，并向上翘起，告诉自己：“想想有趣的往事。”进而将快乐图像化，像一部电视剧一样对着自己播放，这种愉快的心理图像法可以让你迅速摆脱低沉，变得快乐。

4. 懂得分享

曾经有个人问上帝："为什么天堂里的人如此快乐，而地狱里的人却很痛苦呢？"于是上帝带他来到地狱，他看到很多人围坐在一口大锅前面，锅里正在煮着美味的食物，但每个人却都是同一种表情，那就是又饿又失望，因为他们手里的勺子太长，没办法把食物送到自己口中。随后，他们来到天堂，这里所有人手中的勺子同样很长，但人们懂得用勺子将食物送到别人嘴里，所以他们不仅吃得白白胖胖，而且交到了很多朋友。所以说，懂得分享快乐会让快乐永驻心间。

除了这些方法之外，让自己充满自信、学会大声讲话、学会感恩也是获得快乐的必修课，当然，以上这些内容一下子做到是不可能的，但你可以慢慢来，那是应该能够做到的。当你做到了这些，快乐就会变得很容易。

Chapter 8

尽情迎接真正的友谊

不会道歉的人朋友最少

古语说得好："人非圣贤，孰能无过，过而能改，善莫大焉。"每个人在成长过程中都会遇到这样那样的问题，出现点摩擦，闹出点矛盾，都是正常现象，关键是发生问题后如何去处理。

比如同学之间闹一点小矛盾、朋友之间有点小误会、同事之间偶尔发生口角、和家人不经意间的隔阂……当你发现犯错的时候，如果死不认错，或揪住他人的一点失误不放，那么很可能将事情闹大，而一句轻轻的"对不起"很容易就能化干戈为玉帛，重新获得对方的肯定。

在很多时候，"对不起"是化解人与人之间矛盾的灵丹妙药，尤其是跟朋友相处的时候，误解和失误总是在所难免，有时甚至一句不经意的玩笑都有可能因为开得过火而出现心结，但只要我们意识到了并马上道歉、改正，同时给对方一个改正错误的机会，就能在相互包容和理解的过程中赢得朋友的尊重，不断加深友谊。而不会道歉的人，不仅无法获得他人的认可，更不能赢得真正的朋友。

然而在现实生活中，往往就有一些人，不愿认错，不肯道歉，固执己见，从而引出很多不必要的麻烦。

某位社会学家曾提到这样一个细节，他在游览某景区的时候，听到前面一群大学生炫耀自己会说几国语言，其中几位似乎除了英语外，都会讲几句韩语和日语。几位大学生相互比试自己掌握的韩语跟日语词汇，每个人从你好、再见、谢谢、吃饭直至骂人，似乎无所不知，但却没有一个人提到“对不起”应该怎么说。事实上，无论是韩国还是日本，和大多数国家一样，对不起才是最常用的一个词汇，其使用率远远超过了你好和再见，但这个简单的词汇，却常常被很多人所遗忘。

前段时间在湖北的某所学校发生了这样一出悲剧，一位13岁的女学生意外身亡，省里的法医专程来鉴定，认定属于意外事故，因此校里赔偿了一大笔钱，但亲属依然不依不饶，双方对峙了很久。后来记者询问女学生的家属，究竟什么地方不满意，家属哭着在镜头前大声地说：“他们为什么不道歉？”

仔细观察，事实上在我们日常生活当中，对不起使用的频率确实不高，街头巷尾，随处可以听到吆喝：“请让一让。”“靠边儿靠边儿。”在服务场所，大喊一声：“服务员！”出现纠纷，动辄破口大骂，大打出手，以势压人……却很少有人说一句：“对不起。”殊不知，正是被忽略的这句话，让我们错失了很多珍贵的友谊，更让我们的生活变得险象环生。

著名作家王朔在王子文解约案件败诉后，带着礼物去向武丹丹道歉，王朔一改往日的强硬，说道：“做错事向对方说句‘对不起’是件很舒服的事情，就像帮助别人后听到一句‘谢谢’一样，感觉一下子轻松多了。”当别人问起如果放在十二年前，他会不会道歉时，他坦诚地说：“可能不会，现在岁数大了，脾气变了，也知道道歉才是人生法宝，如果犯了错误，就应该勇敢承认。”

有位记者谈到自己的一次经历：

一天，记者骑着电动车去单位上班，在他前面是一辆红色的尼桑车，再前面有一辆绿色的电动车，按照正常速度向前行驶。这时，30岁左右的尼桑车主按了一下喇叭，前面电动车的车主转头看了一眼，骂了一句“国骂”，然后说：“没看到这是非机动车道吗，催什么催？”

听到那句“国骂”，尼桑车主马上打开车门冲了上去，回敬了一句，并说：“你骂谁呢？”

电动车车主虽然矮他半头，但依然毫不示弱：“就是骂你呢，怎么着吧！”

气氛一瞬间就变得紧张起来，尼桑车主咧嘴瞪眼，要揍电动车主；而电动车主则用钥匙打开挂在后座的大铁锁，挑衅地用手指戳了一下他的脸颊，说道：“你不是想打我吗，来啊！”

被激怒的尼桑车主一拳打在电动车主的脸上，电动车主用大铁锁回戳，并使劲踹了一脚尼桑车……不一会儿，尼桑车主的脖子上出现一道大约5厘米的血痕，电动车主吐出了一口血水，嘴角还残留着血迹。

这时，因为妨碍了交通，骑车的，开车的，还有路边小店的人纷纷指责尼桑车主开车不文明，鸣喇叭不对。开始的时候，尼桑车主还辩解几句，看众怒难犯，回身从车上拿了根烟点上，靠在车头，不再说话了。

看着事情差不多平息，大家都劝算了，电动车主穿上外套也准备离开，这时后面一个开车的女子上前催促，结果电动车主又开骂了，还说："关我什么事，我被打了有什么办法啊？"渐渐散开的路人又围了上来，掉转矛头开始说电动车主讲话没素质，刚占了上风的电动车主成了众矢之的，刚要疏散的交通再一次拥堵起来，记者上前劝道："好了，大家都退一步，说个道歉的话就过去了。"尼桑车主不同意，他认为自己也被打伤了，凭什么要道歉，电动车主觉得，自己是受害者，没理由道歉。

围观的人纷纷劝说，记者冲着尼桑车主说："你先打人，自然应该道歉。"然后冲着电动车主说："骂人也是不对，如果你不惹恼他，他可能也不会动手。"尼桑车主想了想，终于同意道歉，他当着众人的面对电动车主说："对不起了哥们儿，是我不对。"电动车主马上觉得不好意思起来，连忙说："我也有不对的地方，对不起，我不该骂你，大家都忙着上班，不好意思了各位。"两人握手言和，尼桑车主主动邀请电动车主搭他的车去上班，两人跟朋友一样开始说笑起来，一件街头殴斗事件就这样平息了，街上的交通也慢慢好了起来。

实际上，这原本就是一件极其寻常的小事，正是因为两个人针锋相对，谁都不肯退让，不肯道歉，导致了事件的升级，当有人说出一句“对不起”的时候，事情很快有了转机。事实上在很多时候，一句“对不起，请原谅，都是我的错”很容易就能让事情得到转机。

每个人都会有犯错的时候，都有可能说错话，办错事，一旦因为自身原因给别人造成损失或伤害，首先要做的就是赔礼道歉。有时一句道歉的话并不仅仅是认错或认罪，也不只是道歉和自责，其实更多的是一种招呼和沟通，是与人打交道时的前奏，只有掌握了这一前奏，你在别人心目中的形象才会显得高大，才能拥有更多朋友，受到更多人的敬重。

不要将陌生人拒于千里之外

很多人在小时候，都曾听到过父母这样的叮嘱：“出门在外，千万别跟陌生人说话。”其实这是父母一直以来不断嘱咐的话题，除了不能跟陌生人交谈之外，有时还会包括“不要接受陌生人的食物和糖果”、“不要上陌生人的车”、“有陌生人问路不要带他去”……

当然，有时这些警惕并无不妥，尤其对于孩子来说，小心为上自然是需要遵循的法则，但有些时候，这个世世代代相传的古老智慧却并不是完全正确的，有时反而影响到一个人的健康成长。很多父母一方面希望孩子拥有较高的情商，一方面又不让他跟陌生人交往，这难道不是一种矛盾吗？试想，这些孩子成年之后如果始终拒陌生人于千里之外，不但交不到新的朋友，甚至找不到合适的工作，还将错过与陌生人分享另一种生活乐趣的机会，这是多么可怕的事情。

曾有部红极一时的电视剧，名叫《不要和陌生人说话》，相信不少人印象深刻，而刘先生跟笔者讲到的这件事，尽管和这部电视剧毫不相干，但却不得不让人联想起这个电视剧的名字。

一个周末，刘先生回老家探亲，当他驾车路过一段乡村公路的时候，正好赶上学校放学，他下意识地停下车，跟路边的孩子攀谈了几句，当得知几个孩子还要沿着乡村公路走很远才能到家时，刘先生好心地邀请他们上车，想搭载他们前行一段路程。不料，所有的孩子均摇头反对，问及原因，是因为家里的父母多次叮嘱，不要相信陌生人的话，更不能跟着陌生人走。

回去后，刘先生感慨万分，在跟笔者聊天的时候，他说："那天，我完全是出于好意，因为我也是从农村出来的，农村孩子上学往返路途遥远的记忆让我一直印象深刻，所以出于一种朴素的情感，想要顺便捎带他们一下，没想到这些孩子的防范意识太强了，让人觉得有点寒心。"

但是随后，刘先生也表示理解，他说："其实我也知道，现在社会上良莠不齐，关于坏人骗人的故事也时常发生，比如抽人家一根烟，喝别人一口水，甚至热心地帮人指一下路就被骗被蒙，痛失钱财，这些事情让人不得不对陌生人敬而远之，哪怕你是好人。”

的确，现实很让人无奈，在这种情况下，很多人自然而然地在心灵深处对陌生人编织起一道严密的戒备与防范的心理屏障，然后拒任何人于千里之外，以异样的眼光揣测迎面而来的每一个人。不能不说，这是当今社会极不正常却又有几分悲凉的人际关系。

然而，因为惧怕被骗而拒绝和陌生人相处，不相信身边的任何人，多少有些因噎废食的嫌疑。这世间坏人不少，别有用心的人也确实存在，我们的防范意识自然应该建立，但在我们身边，确实有很多需要帮助的人，而我们自己也难说在什么时候会遇到麻烦，所以，当你遇到求助的陌生人时，不妨停下脚步，在有所戒备和提防的同时，认真听听他说了些什么，然后客观地分析一下自己有没有能力给他提供一些帮助，这才是明智之举。

当然，和陌生人打交道，需要你对人际关系有一个基本的信任。在我国，传统社会一直被熟人社会所主宰，中国人注重血缘、亲缘、地缘，这是全世界闻名的，人们往往习惯于在熟人之间进行交往，即使不得不和陌生人打交道，也首先会采取防备的态度。

其实反过来想想，世界并没有陌生人，有的只是还没有认识的朋友，害怕陌生人的心理几乎是所有人根深蒂固的，但只有做到毫无拘束地与人相识，才能扩大朋友圈子，使生活更加丰富。也唯有敢于同陌生人打交道，才能在当今社会更好地生存，假如你能长袖善舞的话，这种能力更能成为你宝贵的财富。

也许有人会问，在我们遇到陌生人的时候，如何才能更好地交流，怎样做才不算将人拒于千里之外呢？首先，在具备一定防范和戒备心理的同时，我们必须敞开心扉，以诚相待，与此同时还需做到以下几点：

1．寻找共同话题

人与人之间的共同话题其实有很多，比如食物、房子、场景、天气，你只需注意，无论是在问话还是答话的时候，保持积极的态度，尽量说好话，就能找到很多共同的话题。

2．掌握提问的技巧

所谓提问技巧，就是在你和陌生人开始交谈时，尽量提出开放式的问题，比如“你最近在忙些什么？”“这件事你怎么看？”而不是“你吃饭了吗？”“你喜欢红色吗？”很显然，前面的问句会让对方在回答时拥有更多选择的余地，而后面的问题则只用简单的几个字就可以回答完毕，然后等待下一个提问。

3．学会追加问题

有位著名的社交达人，每次去某个可能需要闲聊的地方之前，都会迅速浏览一下最近的新闻，所以，他很容易就能打开话匣子，也能够对任何可能发生的事件发表自己的看法，这无疑是撬开别人的嘴，获得沟通的最好办法。

4. 用饱满的热情响应对方的言谈

假如对方开了一个玩笑，即使不太好笑，你也应该努力笑起来；假如对方讲出一些“惊人”的信息，即便你不以为然，也要做出“惊讶”的表情。因为当你对别人的言谈作出反应的时候，对方就已经开始关注并喜欢你了。

5. 把所处的尴尬说出来

如果别人对你的聊天内容不感兴趣，或不愿和你交谈，而你又很想认识这位朋友，那么不妨把你的尴尬说出来，比如：“真令人沮丧，我相信我们一定有共同的爱好。”“您觉得我们的谈话是不是有点费力？”在必要的时候，这招很管用。

无论是偶然的相遇，简单的求助，还是希望长久相处，在当今社会，想要在事业上出人头地，让生活变得更加美好，你一定不要将陌生人拒于千里之外，要知道，你认识的人越多，就越有可能遇到那些能够给你带来机遇的人物，也越能锻炼出超乎寻常的能力，进而获得更好的人生。

先去信任别人，就会迎来别人的信任

有人曾在百度上提问：“在网上能交到可信任的朋友吗？”有人说不能，也有人说可以，说不能的人举出很多被骗的例子，诉说自己被网友欺骗的惨痛经历，而说可以的人则告诉他，自己在网上找到了有生以来最好的朋友。

这个简单的帖子下面回复很多，众说纷纭，自然是公说公有理婆说婆有理，但仔细看来，却不难发现，说不能的人占了绝大多数，因为很多人的想法都倾向于：“这个世界骗子太多，值得信任的人太少了。”

由于人各有别，所受的教育和环境不同，良莠不齐也是在所难免，但这并不妨碍我们对别人产生信任。回到最初的问题上来，如果你想在虚拟的世界中找到一个可以交心的朋友，在抱着戒备和设防心的同时，你首先要信任他人，也许你所信任的人并不信任你，也许他可能并不值得你信任，但诚信是得到别人信任的必要条件，只有先去信任别人，你才能迎来别人的信任。

当然，在网络上结交朋友必定会冒很大风险，但这并不意味着你一定会受骗，同样在现实生活中，只要你能把信任交给别人，相信一定能赢得别人的信任，进而获得真正的友谊。古语道：“将欲取之，必先予之。”信任也是这个道理，如果你想得到对方对你的信任，你就得先给对方以信任。

在18世纪的英国，有位很有钱的绅士，一个冬天的深夜，他走在回家的路上，被一个蓬头垢面、衣衫褴褛的小男孩拦住了。“先生，请您买一包火柴吧！”男孩说道。

“对不起，我不买。”绅士客气地回答。说着躲开男孩继续往前走。

“请您买一包吧先生，我今天什么东西也没有吃呢。”男孩追上来说。

看躲不掉男孩的纠缠，绅士无奈地掏出一英镑递给他，然后说：“好吧，但是我没有零钱。”

男孩接过钱，说：“先生，您先拿着火柴，我去给您换零钱。”说完，男孩快步跑走了，绅士等了一会儿，男孩依然没有回来，天越来越冷，绅士只得无奈地回家了。

回去后，绅士以为今天肯定被骗了，但也没有放在心上，毕竟在他眼中，一英镑并不是大数目。第二天，绅士正在办公室办公，仆人说来了一个男孩要求面见绅士，于是男孩被叫了进来。这个男孩比昨天晚上卖火柴的男孩矮了一些，穿得更加破烂。

绅士正要问他为什么来找自己，男孩开口道：“先生，对不起，是我哥哥让我给你把零钱送来。”绅士很奇怪：“那你哥哥呢？”“昨晚哥哥在换零钱回来找你的路上被马车撞伤了，在家躺着呢。”他一边说一边忍不住流泪。

绅士被他们的诚信所感动，于是跟着小男孩回到了家。家里只有两个男孩的积木在照顾受了重伤的男孩。一见到绅士，男孩连忙说：“对不起，我没有按时给你把零钱送回去，失信了。”绅士被男孩的诚信深深打动了，当他了解到两个男孩的亲生父母都已经亡故的时候，毅然决定把他们接到自己身边，让他们接受良好的教育，拥有好的生活。

很多人不信任别人，并不是因为受到过欺骗，而只是因为耳濡目染，潜移默化的影响，事实上，友谊总是由远到近的，所以不肯信任别人的人，很难迎来别人的信任，更不用说获得友谊。而只有从开始就真诚地和对方相处，信任对方，才会拥有真正的朋友。

在古代战场上，能够把后背交给对方，是莫大的信任。在很久之前，曾经有两个侠客，他们从小一起拜师学艺，共同苦练武艺，在他们学成之后，正赶上战乱，为了保卫自己的家园，他们决定去参军。在参军的路上，两个人遇到了一帮土匪，土匪将他们俩团团围住，这两个人背靠着背，拿着各自手中的剑，一次次地阻挡土匪的进攻，直到把所有土匪都杀退了。

到了军队，两人凭着赫赫战功，都赢得了一些声誉。一次，将军派他们俩去刺探军情，结果被敌国发现，很多敌国的士兵将他们俩团团围住，希望活捉他们，从而得到重要情报。但两个人宁死不屈，奋力抵抗，尽管都受了很重的伤，却始终没有放弃，一直为对方阻挡敌人，直到两人快要坚持不住的时候，他们的队伍及时赶到，两人得以幸免。在后来的战斗中，他们俩也一直在一起。

几十年之后，两个人从意气风发的青年变成了经验丰富的将军，当他们告老还乡后，村子里经常有很多年轻人来找他们，听他们讲当年如何在战场上厮杀，如何一次又一次将敌人击退。

每一次，两位老人总是笑一笑，然后将上衣脱下来给这些年轻人看，他们惊奇地发现两位老人的胸前全是伤疤，但奇怪的是，他们两个人的后背居然没有任何损伤的痕迹。其中一位老人告诉他们："我们在战斗的时候，十分信任彼此，将后背托付给对方，只管前面的敌人，不去顾及后面，因为后面有我最信任的人保护我。"

正如这位老人所说，正因为他们相信彼此，愿意将百分百的信任给予对方，于是成了一辈子的朋友，也成就了战无不胜的神话。在现实生活当中，背对背地击退敌人也许不太可能，但并肩作战却是切实可行的。我们知道商场如同战场，想要在事业上获得成就，除了谨言慎行，更重要的还有一点，那就是信任你的合作伙伴，只有这样，才能获得双赢。

日常生活中，我们常常听到这样一句话，叫做："害人之心不可有，防人之心不可无。"这是经验之谈，其中自然不无道理，但如果一味防范，不肯打开心扉，不愿相信他人，那么你不仅无法赢得他人的信任，更无法获得更多朋友。因此，想拥有真正的友谊，你只有先去信任别人，这样，才能赢得别人的信任，获得一生的朋友。

教你真诚地展示自己

巴金老人曾在一篇名为《海的梦》的文章中写过这样一句话："花园里展示着更丰富的生命，而我的房间里却只有孤寂。"因为懂得展示，花园显得生机盎然，而正因为不会展示，房子显得无比孤寂，其实人也是一样，想引起别人的注意，获得他人的赏识，必须要学会真诚地展示自己。

展示，在很多情况下是一个人主动性的表达，是一种积极向上的人生态度。在现实生活中，"成为一个成功者"是很多人为自己设定的目标，几乎所有人都希望自己能在事业上有所建树，生活上美满幸福，可以说，人人都希望将自己打造成一个优秀的人，然而，现实中能够成为成功者的人不过凤毛麟角，究其原因，很大程度上是因为这些人没有很好地找到并发挥自己的优势，不会展示自己。

在很多时候，拥有完美的内在固然重要，但如果不懂得如何对所拥有的内在加以包装和展示，那么"酒香也怕巷子深"。尤其在现代社会，懂得展示的人越来越多，如果你依然无法把握其中奥秘，那么不仅会丧失很多机会，更无法成就一番事业。

30岁出头的林倩，刚到新公司半年，就被任命为外联部的经理，这让很多不知情的同事十分不解，大家议论纷纷，有人以为她有什么显赫背景，有人感觉她肯定跟老板“有一腿”，但通过一段时间的观察之后，很多人惊奇地发现，林倩既没有显赫的背景，和老板走得也并不算很近，丝毫没有暧昧关系，这么短的时间，她怎么会那么快就晋升到管理层了呢？有同事把疑问说给了林倩，她笑了笑，说出了自己的“秘诀”。

大学学习英语专业的林倩，毕业后因为没有对口职业，找了一份秘书的工作做了3年，在这段时间里，她经常会接触到一些社会名流，也慢慢找到了一些门道，她发现，原来“疏通关系”是门大学问。经过不懈的努力，她练就了一定的“公关能力”，这对她此后的工作和事业发展有很大帮助。

当林倩发现自己有公关方面天赋的时候，她毅然决然地辞去了那份安稳的秘书工作，并找到一家大型私企做公关。在这家私企，林倩工作了五年，从开始的公关经理助理，最后到了人事部门的主管。

在那家私企当中，林倩慢慢地感觉到，因为是家族企业，这家企业的人事部简直形同虚设，因为人事任命、考核的所有决定权都掌握在真正的管理层内部，而自己被调离公关部门后几乎得不到任何重视了。于是，她又一次辞掉了薪水诱人的工作，来到了现在这家跨国合资企业做区域经理助理。

前些日子，在一次接待美国投资商的宴会上，林倩运用自己流利的英语和出色的人际交往能力为公司解决了一个十分棘手的问题，这引起了公司高层的注意，于是马上分派给她一些类似的工作，林倩全都出色地完成了，并有条不紊地汇报给了高层。

听完林倩的“秘诀”，同事们全都明白了，林倩确实有一手，除了出色的表现，她在高层面前的自我展示，也给她的晋升添加了不少重量级的资本。

的确，林倩是一名出色的人才，当然，这并不是指她的才华和能力比别人高出很多，而是她懂得将自己的优点和长处运用到最合适、最恰当的工作中来，懂得将自己的优势“最大化”，得体地展示出来。试想，如果她不能清楚地认识到自己的优势，不能打破常规勇敢“跳槽”，不懂得展示自己的能力，那么可能直到现在，她依然是小企业里默默无闻的秘书，不会有如此大的变化。

很多人都以为“是金子总会发光的”，在当今社会，这个道理几乎很难行得通。现代社会，过分的“谦虚”往往会被人认为是无能的表现，也就是说，如果你不敢将自己的优点和长处恰如其分地表现出来，正确地“推销”自己，那么你的光芒只能被埋没，而你也将因此丧失很多机会。唯有准确地发现自己的优势，并将优势“最大化”，真诚地展示自我，进而得到认可，才能实现自我价值，并获得更多人的赏识。

然而颇为遗憾的是，在现实生活中，很多人根本不清楚自己的优势在哪里，或总是得过且过，不愿将自己的优势注入擅长的领域，或在合适的地方做着不合适的工作，这样如何才能取得成功呢？事实上，无论是事业、生活、家庭、感情、社交，只有学会展示自己，才能获得最大化的收获。

每个人在一生中，都会有各自不同的长处和不足，只是很多时候我们并没有发现。不要总感觉自己一无所长，更不要觉得自己比他人差太远，想要获得自己所希望的成功，想拥有自己心仪的朋友，关键在于如何发现自己的优势，如何与他人得体地交往，真诚地展示自己，放大自己的优势。

有些人可能会问，如何才能真诚地展示自己呢？同样是展示，如何展示，展示什么，才能让自己与众不同，才能获得别人的认可？

首先，我们必须处处做个有心人，从仪表形象、举手投足、坐立行走等生活的点滴入手，通过自我审视来改进自身不足。

其次，在语言的表达上，要尽量做到准确、精练、生动，还要有感染力和亲和力。

最后，也是最重要的一点，是态度上的改变，有人说天堂实际上也是黑的，但因为天使是亮的，所以天堂处处显得光明。我们要学着做别人的天使，这样，我们的身边也就有了天使。

做到了以上这些方面，相信你会慢慢学会真诚地展示自己，别再为自己的平庸而感到苦闷，也别总抱着自己不如别人的心态默默无闻，我们每个人都会有属于自己的独特的魅力和与众不同的特质，这是我们的优势，如果能将这份优势得体地展示出来，我们离成功将不再遥远，我们将拥有更多收获。

不关心别人的人必遭阻碍

曾看到过这样一个小故事，说的是有位盲人在夜晚走路的时候，总是提着一个明亮的灯笼，人们很好奇，于是问他："你自己看不见，为什么还要提着灯笼走路呢？"盲人回答道："我提着灯笼，既为别人照亮了道路，同时也让别人更容易看到我，不会撞到我。这样，我既帮助了别人，也保护了自己。"

这个短小的故事告诉我们，在很多时候，关心别人，多替别人着想，其实也是为自己着想，帮助别人就是帮助自己。实际上，替他人着想不仅是一种胸怀和境界，同样也是为自己的未来铺垫的一条道路，因为只有关心别人，才配得到别人的关心，只有关心别人，才能获得他人的敬重，而不关心别人的人，必定会遭到阻碍。

李星在一家港资企业担任助理，老板是位40岁左右的香港女人，一个人经营企业，但她的管理很人性化，公司事务也始终处理得井井有条。每到香港公众假期，李星总能收到老板的祝福短信，尽管他知道这条短信企业中的每位员工都会收到，但还是感觉心里暖暖的。每当遇到老板，他总会客气地道谢，有时也会主动发条短信问候老板，或送去温馨的祝福。

一天，老板突然叫住他，告诉他自己炒了一名保安。"听说了，是一名平时表现还不错的保安。”这位保安李星认识，是在公司工作比较久的一名，而且平时言谈举止都还不错。老板问他：“你知道我为什么要炒掉他吗？”李星猜测：“是因为传达信息错误，还是做事不够机敏？”老板接着说：“其实这都是小事，主要是他的表现太让我失望了。”

因为老板一向比较仁慈，只要没有太大过失，很少会让员工“走人”，李星很是奇怪，但听完老板的描述，他终于明白了。

“周日晚上，我打电话让保安通知司机十点过来接我，但保安错误地传达了我的指令，后来才知道，他听成了十一点。当然，这并不是我最生气的。我等车没有等到，只好自己坐计程车，不料遇到一个驾驶技术不高、对路况也不够熟悉的司机，车况还不好，结果走错路，车抛锚，电话本掉了……直到晚上十二点多我才回到公司，接我的车也早回来了。当我问保安司机是不是问过我是否回到公司的时候，保安淡淡地说‘没有’，我问他有没有向经理反馈当晚发生的事情，他还是面无表情地回答‘没有’。”

老板继续说道：“我很关心大家，可为什么他们都不关心我呢？我之所以不愿那么晚让司机去接我，是担心他太晚回来休息不好。那晚司机没接到我，其实什么事情都有可能会发生，不幸中的万幸，我只是丢了一本电话本，假如我发生意外，又有谁来承担这个责任？保安传达失误，还不及时反馈让上司知道，不去做任何补救工作，司机麻木不仁，只知道开车……你说，我请的这些人这样待我，难道我还能相信他们有能力，有用心来跟我共同前进吗？”

这些话让李星深深地感到震撼，这场炒人风波之后，李星传达了老板的命令，在企业文化中增加了一条：“真诚地对待你身边的每个人，关心你的上司和同事，要知道，不关心别人的人必遭阻碍。”并要求公司所有人将这句话铭记在心。

事实上，“关心”二字看上去简单，做起来却并不容易，关心，不仅仅表现在对人、对事、对物上，有些时候，你关心的态度和程度其实都能看出你对其的重视度如何，每个人都希望得到别人的重视，这是人的天性，在希望得到的同时，我们必须先要学会付出。

当你给予别人关心的时候，你会发现自己的价值是无限的；当你得到别人关心时，你会发现自己并不孤独。关心，能够给人带来温暖和希望，也能带来惊喜和慰藉。

无论在工作和生活中遇到什么问题，只要得到别人的关心，我们都会感觉重新获得力量。其实别人也是如此，在你对别人表达关心的时候，他也会拥有这样的感受，并将此牢记心间，在你需要关怀和帮助的时候，伸出双手。

既然不关心别人的人会遭到阻碍，那么如何关心别人，才能更好地走进对方心里，让对方感觉温暖呢？

1. 要有一颗真诚的心

关心别人，并不是为了得到什么，更不能抱有任何的附加条件，必须要用一颗真诚的心，诚心诚意地对待他人，不要因为别人关心你才去关心他，更不要为了实现某种目的而作出虚伪的表现，同时要切忌不需要别人的时候就不再关心，把人家抛之脑后的做法。

2. 讲究关心的方式方法

只有在适当的时候，使用适当方法去关心别人，才能让别人感到温暖。首先，你必须弄清楚他需要什么，是感情上受到伤害，需要心理安慰；还是事业上遇到挫折，需要指点迷津；或者身体有恙，需要慰问？

当别人表现出孤独无助的时候，使用适当的方法给予安慰，不仅能起到雪中送炭的作用，更能让对方感觉到你的用心。比如对感情受伤的人，可以用书信或留言的方式慰问；对身在病榻上的人，可以用无微不至的照顾或温暖的祝福来关怀；如果他遇到工作上或事业上的挫折，可以伸出援手帮他渡过难关，即使帮不上大忙，也可以在精神上为他鼓劲，帮他重拾信心，排除困难。

3. 设身处地为对方着想

有些人想关心别人却不知该如何下手，当你遇到这种情况，最好将自己当做是他，学会“换位思考”，站在他的角度上考虑问题，这样，你的关心就能恰如其分地走进对方心里，别人也能从中获得温暖和慰藉。

感恩让友谊更珍贵

“感恩的心，感谢有你，伴我一生，让我有勇气做我自己。感恩的心，感谢命运，花开花落，我一样会珍惜……”这首名叫《感恩的心》的歌曲，曾红遍大江南北，被众人久久传唱。在我国民间，也一直流传着这样一句话：“滴水之恩，当涌泉相报。”我们都知道，感恩是一种博大的情怀，只有懂得感恩的人，才能得到最真诚的友谊，也只有懂得感恩，才能生活得更加坦然和幸福。

其实感恩这个词，最早来源于国外，翻阅牛津字典，我们会找到这样一个词条：“乐于把得到好处的感激呈现出来且回馈他人。”这就是对感恩的诠释，这和我们的“吃水不忘挖井人”以及“鸦有反哺之义、羊知跪乳之恩”有着异曲同工之妙。这些都在告诉我们，人生在世，必须懂得感恩，不要忘记有恩于我们的人，更不能忘记他们对我们的帮助和付出。

也许有人会问，人生在世，究竟什么才是值得我们感恩的呢？事实上，在日常生活中，需要感恩的人有很多，对养育我们的父母、关怀我们的亲人、教育我们的老师，我们都应该心怀感激，更为重要的，还有我们的朋友，因为他们会在我们为难的时候伸出援手，在我们受挫的时候给予慰藉，在我们孤独无援的时候张开臂膀。

值得我们关注的是，可能我们的朋友并非腰缠万贯，也不能呼风唤雨，但很多时候，朋友的真正意义并非物质上的帮助和索取，而是精神上的归依，所以我们用心感受朋友的真诚，懂得感恩，才能让友谊变得更加珍贵，更加牢固。

如果仔细观察，你会发现，在我们身边，常常会出现这样的朋友，当我们孤独无助、伤心失望或痛苦受挫时，他们会坚定地站在我们身后，用并不宽阔的肩膀和我们共同承担；当我们身处逆境、深陷泥淖时，他们如同拐杖一般帮我们走出困境。

哪怕我们已经不名一文，穷困潦倒，哪怕我们可能永远还不清他们的恩情，他们也会不离不弃，无私地给我们抚慰和关怀，让我们获得温暖和支撑。对于这种朋友，除了当时的感恩，我们还要时刻想着回报，因为这些朋友是值得我们一生珍惜的。

在越战期间，发生过这样一个让人欷歔不已的故事：

在一个偏远的小村庄里，因为战争的缘故，学校被无情地摧毁，有个小女孩受了重伤，必须及时输血，然而当时负责抢救的越南护士和美军医生却遍寻不到血型相匹配的人。当时躺在担架上的小女孩已经奄奄一息，眼看就快不行了，和小女孩在一起的几个孩子，纷纷惊恐地看着担架上随时可能死去的小伙伴和急得团团转的医生，不知该如何是好。

正当所有的医务人员到处寻找合适血浆的时候，一个男孩扯着医生的衣角，小声地说：“我愿意为她输血。”抱着一线希望，美军医生迅速为小男孩验了血型，幸运的是，小男孩的血型刚好相符。当小男孩的血液缓缓地流入小女孩体内时，他十分紧张地躺在那里，眼睛一眨不眨地盯着身边渐渐恢复生机的女孩，一声不吭。

时间一分一秒地过去了，小女孩的脸开始红润起来，小男孩终于忍不住，发出了一声呻吟，美军医生觉察到男孩的紧张，觉得很奇怪，走过来拍了拍他的头，经过越南护士的翻译才得知，原来男孩担心自己的血会被抽干，然后死掉，他希望临死前能看着小女孩健康地活过来。

听到翻译后，美军医生十分震撼，然后问他：“既然你觉得自己会因此而死掉，为什么还愿意为她输血？”男孩依然小声地回答：“因为她是我最好的朋友。”这句话让在场的所有人都感动了，男孩在以为自己一旦被抽血就会死去的前提下，依然义无反顾地举起了手，因为他愿意用自己的生命来帮助他最好的朋友。

这个故事被久久流传，每个听到故事的人都会为之动容，试想，如果你为了救赎朋友需要付出巨大代价时，是否也能毫不犹豫地伸出双手呢？央视的著名节目主持人崔永元曾这样诠释朋友：“朋友是你最容易忘记的人，是你痛苦时第一个想找的人，是给你帮助不用说谢谢的人，是惊扰之后不用心怀愧疚的人，是你走‘麦城’也不对你另眼看待的人，也是你步步高升时对你称呼永不变的人。”当然，友情并不一定非要用生命来验证，但它却是一颗深埋心底的种子，既需要别人的友情灌溉，也需要给予他人绿荫，而最好的感恩，就是将更多的爱奉献给曾为你付出过的朋友，让友谊更加坚固。

在2006年的“感动中国十大人物”中，有位名叫洪战辉的大学生，他之所以入选，是因为在他身上，发生了一个让全国人民动容的故事：

洪战辉从小就是个苦命的孩子，在他12岁的时候，父亲疯了，亲妹妹死了，他的父亲从外面捡回了一个被遗弃的女婴，一家人过着家徒四壁的生活。不久后，因为家庭的贫困，母亲和弟弟相继离家出走，于是刚上中学的洪战辉早早地挑起了家庭的重担。从读高中开始，洪战辉就和与自己并没有血缘关系的妹妹相依为命，一边读书，一边靠着做小生意和打零工挣钱维持生活。考上大学之后，洪战辉依然把妹妹带在身边，虽然艰辛的生活让他时常感觉力不从心，但他却始终没有放弃。

因为洪战辉的不幸遭遇，他受到了很多好心人的同情和帮助，但他一直没有忘记感恩，在他有了一定经济能力的时候，他想到了世界上那些和他一样命苦甚至比他还要艰难的人，自筹资金建立了慈善基金会，希望凭借自己的力量帮助那些需要帮助的人。

在接受记者采访的时候，洪战辉真诚地说：“我的生活是从没有希望中走出希望的，面对那些帮助过我的老师、同学和朋友以及社会各界人士，除了感动，我还想以实际行动回报他们，感激他们。苦难的经历不是我们博得同情的资本，奋斗才是最重要的，我将时刻铭记着大家对我的帮助，用一颗感恩的心去帮助更多比我更困苦之人。”

在日常生活当中，每个人都会遇到困难和挫折，在困境来临的时候，如果朋友伸出援手，帮我们渡过了难关，那么当鲜花和掌声重新回到我们身边的时候，对那些曾出手相救的朋友，我们又该如何表示呢？让我们用一颗感恩的心来对待他们吧，记住他们对我们的帮助，并像他们帮助我们那样去帮助他们，唯有这样，朋友才会变得更加真诚和纯粹，友谊也会变得更加珍贵，更加坚不可摧。

Chapter 9
不拒绝突破，就能成就更好的自己

“不”字是最不容易突破的阻碍

在人生的旅途中，可谓处处充满荆棘，一不小心就会遭遇挫折。人生在世都是如此，没有人会顺顺利利地度过一生，然而即便如此，生活还是要继续的，我们也依然要鼓起勇气奋勇向前，在这段长路上，走出最好的自己。

很多人都知道，人生道路上充满阻碍，只有披荆斩棘才能获得最后的胜利，人生道路同时还充满机遇，只有善于把握才能成就自己，但在遇到困难和阻碍、机会和机遇的时候，很多人往往第一反应并不是积极主动，而是先退缩，先说：“不。”这当然不是明智之举，要知道，很多改变就是从你这一刻的选择开始产生的，接受挑战的人，有可能从此成就未来，而说“不”的人，则有可能错失宝贵的机会。

每个人都是学而知之，而不是生而知之，没有人一生下来就会走路，也没有人生下来就会写字，知识要靠后天的积累，勇气同样要靠一点点磨炼，你一定要相信，路是人走出来的，不要红着脸，腼腆地说“我不行”，因为只有拒绝“不”字，才能让你突破阻碍，走向成功。

不要总是说“不”，一个生活的勇者，是敢于在别人面前展露缺点的，但这并不是目的，最终的目的是战胜缺点，面对挑战，勇敢地继续前行。不用担心失败，失败是成功之母，尽管通往胜利和成功的路上充满坎坷，但希望的曙光始终在前方闪耀，只要努力，定能到达。

我们都知道，爱迪生为了发明电灯曾试验过一千多种灯丝的原料，每次失败后，在面对别人嘲笑的时候，他总会说："我又发现了一种不适合做灯丝的物质。"当他第一千多次失败的时候，他依然不言放弃，而是自豪地说："至今为止，我发现了一千多种物质不适合做灯丝。"这种勇气，任何人都会为之感动，最终，他成功地发明了电灯，并成为举世闻名的发明家。

谁都知道天上不会掉馅饼，却很少有人想到，机会要靠自己创造，其实只要你相信自己的能力，愿意激发出自己的潜能，并勇敢地在别人面前表达出来，那么你就会接近成功。

有这样一位大学生，他有天突然感觉自己在大学里学不到实质性的东西，经过仔细思考，他觉得大学的教育制度存在很多弊端，于是他马上向校长提了出来，但因为势单力薄，他的意见没有被采纳，不服输的大学生决定自己办一所大学，自己当校长，以求取消这些弊端。

但是问题马上出来了，办学校需要至少100万美元的资金，到哪儿去找那么多钱呢？等到自己毕业后挣到这些钱，估计早就垂垂老矣，于是他每天都在苦思冥想，如何才能拥有100万。很多同学都认为他脑子有问题，纷纷劝他："算了吧，你做不到的！"但他却一直坚信自己一定能行。终于有一天，他想到了一个办法。他打电话到报社，说自己准备明天举行演讲会，题目为《如果我有一百万美元怎么办》。

大学生的演讲吸引了很多商界人士参加，面对台下无数的成功人士，他在台上发自内心地说出了自己的构想。演讲完毕后，有位叫菲立普·亚默的商人站起来，说："小伙子，你讲的很有道理，我决定给你100万，做你想做的事情。"就这样，大学生用这笔钱创办了阿莫尔工学院，也就是现在著名的伊利诺斯理工大学的前身，而这名年轻人，正是后来备受人们尊敬的哲学家和教育家冈索勒斯。

事实上，在强者面前，所有困难都不过是纸老虎，当你终于获得成功的时候你就会发觉，这并不难。很多时候，人生中最重要的并不是你所站的位置，而是你所朝的方向，当你有梦想的时候不要轻易放弃，当你能飞翔的时候不要放弃飞翔万事总是开头难，义无反顾地面对挑战迈出决定性的第一步，你就会紧接着有第二步，第三步，与成功一步步接近。

曾经听过这样一个励志故事：有位猎人在高山之巅的鹰巢里抓到了一只幼鹰，他把幼鹰带回家，养在了鸡笼里。这只幼鹰和小鸡们一起啄食、嬉戏和休息，它一直以为自己就是一只鸡。

等到幼鹰慢慢长大，羽翼丰满了，主人想把它训练成猎鹰，但因为终日和鸡群混在一起，它已经忘记了自己真正的身份，变得和鸡一模一样，根本没有飞翔的愿望了。主人试了各种方法，都毫无效果，最后他把鹰带到了山顶，一把将它扔了出去，这只鹰像石头似的急速掉落，慌乱之中它拼命地拍打翅膀，等到离地面只有几十尺的时候，它突然飞了起来！

可能很多人都听过这个故事，但从这个故事中有多少人能得到启示呢？我们都知道，鹰的本能就是飞翔，但由于后天的安逸，它渐渐遗失了这种本性，于是当主人一次次训练它飞翔的时候，它总在潜意识里告诉自己：“不，我不会飞。”然而在他遇到危难的时候，生存的本能激发起它潜在的力量，它不敢再否定自己，于是努力向上扑打翅膀，终于飞了起来。

由此可见，说不行，说自己不可以，不过是一种怯懦的表现，人也是如此。很多人总是习惯于为自己筑一道墙，自卑地乞求人们不要剥去他可怜的自尊，事实上只有勇敢地直面自己，只有握着自信和勇于开拓的精神才能一路披荆斩棘，不断攀登，并最终达到胜利的顶峰。

每个人最大的敌人，并非来源于外界，而恰恰是我们自己，因为外来的挑战虽然严酷，但无论能不能克服，总有过去的时候，如今对你造成威胁的事件，以后未必存在，唯独内心的那个自我是永远不会消失的，所以，如果你凡事总在拒绝，总是说“不”，那么一生一世都无法摆脱它的掌控。

一位名人曾说过这样一句话：“世界之大，方寸之小，若不举步，何来坦道？”很多人都在羡慕成功者，以为那些人有好的机遇，过人的勇气和自信，实际上成功者并非都是上帝的杰作和命运的宠儿，他们最终所获得的潇洒并不代表往日的轻松。成功者和失败者最重要的区别并不在于命运，而在于他们能够抓住机遇一干到底，直面困难，奋斗不息，如果你也能做到这一点，那么你将会惊喜地发现，这并不难，我也能行！

这个“我”真的最好吗

某位作家在自己的作品集扉页上写了这样一句话：“戴着面具求生存是很多人的本能。”这句话让很多人感到震撼，也许有人会反驳：“这怎么可能呢，我才没有戴着面具。”事实上，如果静下心来仔细想想，你不难发现，其实每个人都有不止一张面具，在家人面前，在朋友面前，在同事面前，在上司面前，在师长面前……你所戴着的都是不同的面具。

意识到这一点，很多人会想，难道我们果真生活在这样复杂的环境中吗？到底哪一个才是真正的“我”？其实这些问题并不难回答，不管你是否愿意承认，生命的成长本来是简单而纯粹的，但所有人都喜欢给自己戴上一层面具，不让真实的想法流露出来，久而久之，随着时间的推移，我们慢慢习惯了这层面具，甚至不曾记得在面具下面还有一个真实的自己。

想到这一点，相信很多人都会觉得惶恐，那么现在的这个“我”是最好的吗？还是隐藏在面具下的真我更好？其实在我们每个人的心中，都隐藏着一块熠熠闪光的金子，那是我们灵魂的精髓所在，但这块金子往往会被黏土所掩盖，这黏土正是我们心中的恐惧。为了不让别人轻易地看懂自己，我们本能地掩盖了自己的内心世界，然后从容地戴上面具。而想要得到真实的自己，展示最好的“我”，只有直面内心的阴影，摘下戴在脸上的面具才能够实现。

有一年，美国哈佛大学的校长到北大演讲，曾给广大师生们讲过这样一段亲身经历：

“有一段时间，因为感觉生活很枯燥，想寻求改变的我向学校请了三个月的假，临行前，我特别嘱咐家人，不要打听我的去向，我会每周给家里打电话报平安。叮嘱妥当，我乘坐列车去了美国南部的一个小乡村，在那里，我开始了全新的生活。

最初的时候，我去农场干活，从每一把农具如何用，每一匹马叫什么名字，如何喂养开始，慢慢掌握了所有技巧，也在不断的学习中获得了无限乐趣；一个月之后，我辞掉了农场的工作，去田地里帮人做工，每当我背着老板吸支烟，或和自己的工友偷偷地说上几句话，都会感觉很高兴。最后，我去了一家餐厅，找了个刷盘子的工作，只是这份工作非常短暂，我只工作了四个小时，老板就给我结了账，并对我讲：‘老头，你刷盘子的速度太慢了，你被解雇了。’

转眼间，三个月的时间过去了，我重新回到学校，开始面对自己无比熟悉的工作环境，但是与原来不同的是，我有了新的领悟：原来在这个位置上是一种象征，一种荣誉。这时我才感觉到，这三个月的生活，让我重新改变了对人生的看法，就像按了计算器上的复位键一样，让自己清了一次零，重新寻回了我本该拥有的真实。”

哈佛校长的话让下面坐着的师生陷入了深深的沉思，什么才是真正的自己，现在的自己真的最好吗，真的是自己喜欢的模样吗？在这无时无刻不发生变化的世界当中，每个人的心都容易变得躁动不安，就像浩茫夜空中闪亮的星星一般，尽管努力释放着光芒，却无法抓住它，驾驭它。

事实上，每个人都需要还给心灵一份真实，好好问问自己，这个我，是最好的吗？当你认真反思的时候，你会发现，无论对人对事，还是对于整个世界，只要能拿出自己的诚恳、诚实、坦率和善意，给世界一个真实的自己，我们就会慢慢感到源自内心的豁然开朗，而一切也开始变得容易驾驭。

当我们开始反思的时候，我们就已经开始了追求尽可能透明的生活状态，当我们不再掩饰和伪装的时候，我们就已经学会了接纳自己、正视自己的方法。即使我们不喜欢自己身上的某些东西，也不要刻意压抑它们，甚至否认它们的存在，因为这种透明意味着真实，而真实则意味着敞开心扉，返璞归真，回归完整的、本真的自我。

不拒绝真实的自己，对任何人来说都是一件需要勇气的事，而活得真实，除了能让我们从内心深处重新看待这个世界之外，生活也会因此而发生彻底的改变，而且这种改变是积极的，朝向更好方向的，犹如丑陋的毛毛虫破茧而出，化为美丽的蝴蝶。到那时，我们不必再刻意掩饰，也不必再假装成另一个人，更无需努力证明自己，因为敢于正视自己的人，都会拥有充分的自信。

事实上，在每个人的心中，都隐藏着正义与邪恶，勇敢与懦弱等截然不同的特质，如果我们可以压制某一种特质，它就会以我们意料不到的方式显现出来，我们越是不敢直面自己的内心世界，就越容易在恐惧的迷宫里打转，甚至迷失自我。

因此，当我们被恐惧困扰的时候，我们必须在内心积蓄勇气，驱赶恐惧；当我们受到他人的欺辱，我们必须找出发生这种情况的根本症结，然后努力改变；当我们感觉自己太过脆弱的时候，我们必须要寻找脆弱的对立面，让自己变得更有力量。只有这样，我们才能自信地告诉自己："这个我，就是我所喜欢的，就是最好的！"

放低姿态，尝试改变

当今社会，随着竞争的日益激烈，很多年轻人都抱着"弱肉强食"的心态，拼命往上爬，希望通过自己的努力打造出一片天地，并有着"初生牛犊不怕虎"的冲劲，这自然是件好事，然而有些人在拥有不服输的劲头的同时，更喜欢锋芒毕露，凡事愿意出头，并逐渐变得固执己见，喜欢我行我素。

针对这一现状，资深心理学老师提到："不服输是现代人在社会中获得成功的首要品行，值得肯定和学习，但与此同时，敢于认输，懂得放低姿态，尝试改变也是不可或缺的。因为只有这样的人，才能使自己避开锋芒，不去尝试无益的竞争，避免不必要的损失，从而以退为进，赢得潜心发展的主动权。"

这位老师说得没错，有些时候，认输并不代表一个人懦弱或窝囊，恰恰相反，这是一种清醒的理智，要知道，生活中我们不可能时时处处都是赢家，如果任何事情都不肯认输，最后的结果，只能是"赔了夫人又折兵"。

如果仔细观察，你会发现，柳枝因为弯曲，才有了摇曳多姿的婀娜；流水由于弯曲，才有了蜿蜒盘旋的小溪；月亮懂得弯曲，才有了阴晴圆缺的变化；高山懂得弯曲，才有了起伏连绵的跌宕。

事实上，自然界的这些弯曲正是认输的另一种表达方式，但这种方式在很多时候，并不意味着妥协和退让，而是为了进一步的海阔天空。古往今来，很多有所成就的人其实都懂得这种道理，韩信胯下受辱，成为了一代名将；司马迁忍受腐刑，留下了历史巨著；勾践亲尝粪便，吞并了吴国的版图……

人生在世，只有学会把姿态放低，尝试不同的改变，才能成就更好的人生，所以行走在人生的道路上，我们要学会把姿态放低，尝试着作出改变。

某天，一位风尘仆仆的年轻人到寺庙里求见方丈，他无比困惑地说："我从小致力于丹青的学习，寻觅多年，但直到现在也没有找到一个令我满意的老师，我发现很多人不过是徒有虚名，有的画技甚至还不如我。师傅，你说我要如何才能找到一个心仪的老师来教我呢？"

方丈听后淡然一笑，对他说："施主，老僧我也颇爱收集一些丹青精品，能否请施主留下一幅墨宝呢？"年轻人立刻应下，问方丈："您说，我画点什么呢？"方丈说："老僧喜欢饮茶，就请施主画一个茶杯和茶壶吧！"

年轻人铺开宣纸，寥寥数笔就画出了一个倾斜的茶壶和一个造型典雅的茶杯，只见画上的茶壶，从嘴里徐徐吐出一股茶水，注入到茶杯当中。

当年轻人把画双手奉送到方丈面前时，方丈却轻轻地摇了摇头。年轻人很不解，问道："方丈，您觉得不满意？"方丈说："不，施主画得很好，只是将茶杯和茶壶的位置放错了，应该是茶杯在上，茶壶在下啊！"年轻人听后笑了，他说："大师为何如此糊涂？哪有茶杯往茶壶里注水的道理？"

"原来施主懂得这个道理啊！"方丈意味深长地说，"您渴望自己的杯子里注入那些丹青高手的香茗，却总将自己的杯子放得比茶壶还要高，请问，香茗如何才能注入施主您的杯中呢？"

听了方丈的话，年轻人思忖良久，终于恍然大悟。回去后，年轻人虚心学习，博取众家之长，最终成为了一代丹青大师。

在方丈的点化下，年轻人懂得了放低姿态的道理，并由此获得了成功，如果我们想在现实生活中得到更多，同样也需把姿态放低，这里所谓的姿态，其实不仅包含着谦虚，也包含着认输。

所谓认输，其实并不是让你屈服，而是应该看清现实，看到差距，承认错误，最终扬长避短。人和人之间，由于经历和成长环境的不同，在智力、体力、技艺和知识方面势必会存在差距，如果明知道自己不如别人，还不肯后退一步，而是跟人硬拼，最终只能彻底地输掉自己。很多时候，“明知山有虎，偏向虎山行”并不是一句带有褒义的话，而是一种误导，是盲目的执拗，因为这并不能证明你的勇敢，只能说明你的偏激和愚蠢。

俗话说：“人非圣贤，孰能无过。”在日常生活中，任何人都有犯错的可能，一旦出错就应坦然接受，及时认错，所谓“不撞南墙不回头”，并非智者所为，最终只能成为别人的笑柄。

放低姿态，尝试改变，意味着面对现实，有时哪怕是回到原点，从零开始，也比固执己见、不肯认输结局更好。生活中不如人意的事情比比皆是，比如初入社会的择业不慎，初涉感情的择友不良，当你在经营和进行的过程中发现走到了尽头，没有任何转机的时候，就认输吧，因为这并不意味着你的一生就此停滞。另谋发展，另寻出路，该放弃的放弃，该认输的认输，千万别迷信“车到山前必有路”，而应该相信回头是岸，柳暗花明，不在一棵树上吊死，才是智者应有的选择。

当然，放低姿态并不代表卑躬屈膝，也不代表自甘消沉，它有着让人以退为进，赢得潜心发展的主动权和积极进取的内涵，假如转进胡同无法转弯，认定死理，逞强好胜，盲目蛮干，只会带来不必要的伤害，最终输了自己。所以，适当尝试一下改变，让自己完成从平凡到卓越的转折，会让你更好地把握未来，成就人生。

放弃不是拒绝，而是迎接新的开始

徐志摩曾在他的著名诗作《再别康桥》里这样写道：“轻轻地，我走了，正如我轻轻地来，我挥一挥衣袖，不带走一片云彩……”这种洒脱和淡然无疑是最明智的态度，然而在现实生活中，真正能做到这种洒脱的人却寥寥无几，不是不想放弃，而是找不到放弃的理由。

不管是在感情还是在工作或生活中，放弃自己原本十分在意的人或事物无论对谁来说都很难，不少人抱着“相见时难别亦难，东风无力百花残”的惆怅心态，不肯放手，也不愿放手。不仅如此，很多人还会觉得放弃是失败的代名词，因此迟迟不肯放手，实际上当事情发展到一定程度，不得不放弃的时候，这种放弃其实并不代表拒绝和失败，反而意味着人生中的另一个新的开始。

我们都知道，鲁迅先生最初是学医的，当他明白自己无论在医学上取得多么大的成就都无法实现自己的理想时，他毅然决然地弃医从文，告别恩师藤野先生，最终成为一名伟大的作家；班超投笔从戎，终成一世英名；比尔·盖茨弃学创业，一度成为全球首富。由此可见，只有告别过去才能有新的开始，这并不意味着失败，也不是“见异思迁”，而只是换了一种心态，要知道，在更多时候，另辟蹊径从头再来要比不撞南墙不回头所得到的更多。

告别过去，无疑需要一种勇气，以开阔的胸怀面对新的挑战，以豁达的心态面对新的生活，泰戈尔曾说：“如果你因为错过太阳而流泪，那么你也将错过群星。”很多人因为不肯放弃而忽略新的开始，或因为过于留恋而沉醉往昔，这种人永远无法过上美好的生活，也永远不会迎来新的朝阳，

亚圣孟老夫子这样告诉我们：“鱼与熊掌不可兼得。”西方哲人歌德则说：“生命的全部奥秘就在于为了生存而放弃生存。”可以这样说，懂得并学会放弃正是人类值得骄傲的智慧，毕竟在很多时候，一味坚守并不能获得最后的成功，而选择放弃则能迎来全新的开始。

当然，锲而不舍的精神是值得提倡的，尤其是在你选定了正确目标之后，然而假如路径选择错误，或主客观条件无法达到，那么与其蹉跎岁月、徒劳无功，不如趁早放弃初衷，调整航向，

因为有时苦苦挣扎的结果只能是头破血流，而潇洒转身则可能迎来柳暗花明。

有位著名的生物学家曾作过这样一个实验，他用纸卷出一条细细长长、弯弯曲曲的纸筒，这个酷似长龙的纸筒里面的空隙很小，但却能容纳几只半大不小的蝗虫慢慢爬行出来，然而当生物学家真的将几只蝗虫投进去却发现，所有蝗虫全都死在了里面，无一幸免。

通过观察，生物学家发现，性格暴躁的蝗虫被放入“长龙”之后，除了挣扎，它们没想过用嘴巴咬破“长龙”，也不知道一直向前就能从另一端爬出来，因此，虽然它们拥有铁钳一般的嘴和锯齿一样的大腿，也只能眼巴巴地等死。

随后，生物学家将几只体积差不多大小的青虫放入了“长龙”，奇迹出现了，仅仅几分钟时间，小青虫们一个接着一个地从另一端默默地爬了出来，毫发无损。

这个实验告诉我们，蝗虫的死正是因为它不懂选择，也不懂放弃，只知道不停挣扎，固执己见，所以只有死路一条；而青虫则恰恰相反，它懂得放弃自己错误的决定，不断寻找新的出路，于是获得了生存的机会。

蝗虫和青虫的最终命运值得我们深思，其实作为人类，命运同样藏匿在我们的思想里，有很多人走不出人生各个不同阶段或大或小的挫折，并不是因为他们天生的个人条件与别人相差甚远，最重要的原因正是这些人没有学会放弃，只想一条道走到黑，不懂得在关闭这扇门之后去打开另一扇窗，然后按照正确的目标一步步向前，直到眼前出现新的洞天。

在幼儿园教材里，有这样一个小故事，名字叫《找蘑菇》：

一天，小白兔去野外采蘑菇，它边走边采，采够100朵于是蹦蹦跳跳地回家了。不料到家一看，只剩99朵了，于是它准备用一天的时间去找丢失的那朵蘑菇。老牛看到它到处奔波的身影，问它在做什么，小白兔告诉了老牛，老牛劝它："孩子，如果你用找蘑菇的时间来采蘑菇，那一朵不早就补回来了吗？"听完老牛的话，小白兔惭愧地低下了头。

事实上，在我们的人生当中，经常会有和小白兔类似的遭遇，当我们失去一些我们不甘心失去的东西，往往想要执着挽回，但通常正是因为这种徒劳无功，使得我们因此而错过一些更好的机会，同时浪费了宝贵的时光和有限的青春。殊不知，如果当机立断，放弃这些无谓的努力，重新再来，迎接新的开始，那么结果自然会截然相反。

有位哲人曾说："人生是由追求和放弃构成的，所以才多姿多彩。"他说的没错，其实人生就是一个不断放弃的过程，我们选择向左，就意味着放弃了向前向后向右；我们选择了休息，就意味着放弃了工作和娱乐；我们选择和一个人相伴余生，也就放弃了与别人结合的机会；我们选择这份工作，也就放弃了从事其他工作的可能……人生就是这样，我们得到的越多，也意味着失去的更多，但当我们选择放弃一种或多种事物的时候，同时也会得到新的回馈。

当然，我们必须明白，放弃并非消极的逃避，而是发现对和错、真和假、善与恶、美与丑之后所作出的明智判断，放弃并不是拒绝，而是找到正确道路之后新的开始；放弃也不是退让，而是为了更好更快地向前。学会放弃，放弃我们所不能有、不应该有、不必要有的一切，唯有如此，我们才能更好地抓住和珍惜已经拥有和即将拥有的一切。

梦想就在眼前，只要你肯伸手去抓

美国前总统威尔逊曾说："我们因有梦想而伟大，所有的伟人都是梦想家。"的确如此，想要成就一番伟大的事业，首先我们必须拥有梦想，只有存在梦想和愿望，以及对幸福的憧憬，我们才能一步步努力，一步步靠近，并最终实现。但是，只有梦想是远远不够的，很多人往往始终纠结在矛盾当中，一方面拥有梦想，另一方面却不把它当真，甚至自己否认自己，说："这只是白日梦而已。"

有些人如同一株橡树盆景，始终受迫于花盆的局限，不敢去做，甚至不敢去想，一生都没有按照自己的潜能生长壮大，而是四处解释为什么美梦无法成真，这样的做法破坏了他们成长的机会，而他们所列举的各种理由，其实根本无法称其为理由。

有位名叫亨利的年轻人，他从小就梦想成为著名的摇滚歌星，但现实原因使他毕业后选择了在一家商用机器公司作广告推销。上班的时候，他几乎每天都会幻想在舞台上演出的情景，但直到目前，他最接近梦想的时候，不过是上下班途中随着车里的音响一展歌喉而已。

一天，他和朋友聊天，说起自己的梦想，朋友问他："你小时候有没有当众表演过？"他说："没有。""那你上学的时候，是不是在摇滚乐团担任过歌手，或加入过音乐团体？"他摇了摇头，说："也没有。""那现在你已经有了自己的工作，是不是利用周末或闲暇时间，到有歌手表演的俱乐部和餐馆，尝试着和他们一起表演呢？你是不是认识城里这类场所表演的歌手？"朋友继续问道。亨利依然摇头："不，我不认识。"

朋友无奈地耸了耸肩，告诉他："那我想告诉你，你的梦想只能是白日梦，永远都无法实现了。"

拥有梦想的亨利从来没有伸手去抓，更没有努力去设法实现，他缺少实现梦想的信心和勇气，因此既不愿接受音乐教育，也不敢尝试到当地的摇滚乐团试唱，就这样，他一天天将自己的梦想埋没了。其实，想要实现这一梦想，他只需付诸行动，比如选一个可以配合梦想的环境，到唱片公司或录音室找份工作，甚至到摇滚演唱会上做幕后工作，如果这样做，也许亨利将不再是自己所讨厌的广告推销员，而真的成为一代摇滚巨星了。

事实上，梦想是潜能的有力反映。幼年时期，我们都曾有过幻想和目标，准备长大后做科学家、太空人、教授，然而长大之后，那些伟大的梦想往往被抛于脑后，或被我们一一否认。我们总是说，“我办不到”，或“他们不会让我这样做的”。于是眼界开始变小，小到只有一只花盆那么大，因而限制了我们的成长，殊不知，其实梦想就在眼前，只要你肯伸手去抓。

19世纪的时候，在美国一座偏远的小镇有位远近闻名的富商，他家有个20岁的儿子名叫伯基。一天晚饭过后，伯基正在欣赏深秋的美妙月色，他发现窗外的街灯下站着一个跟他年龄相仿的青年，那位青年穿着一件破旧的外套，清瘦的身材显得格外羸弱。

于是伯基走下楼，问那个青年为何长时间站在那里，青年无比忧郁地对伯基说：“我有一个梦想，就是自己也能拥有这样一座宁静的公寓，晚饭后能够站在窗前欣赏美妙的月色，但这些对我来说简直太遥远了。”

伯基笑着问他：“请你告诉我，现在离你最近的梦想是什么？”青年说：“我现在的梦想是能够躺在一张宽敞的床上舒服地睡上一觉。”伯基拍了拍他的肩膀：“朋友，今天晚上我让你梦想成真。”于是，伯基带着这位青年走进了自己的公寓，并把他带到自己房间，指着那张豪华的软床说：“这是我的卧室，今天你睡在这儿吧，我保证你做个好梦。”

第二天早上，伯基很早就起来了，他轻轻地推开自己卧室的门，却发现床上的一切都整整齐齐，根本没有动过，伯基疑惑地走到花园里，发现那个青年正躺在花园的一条长椅上甜甜地睡着。伯基叫醒他，不解地问："你为什么睡在这里呢？"青年笑着回答："你给我这些已经足够了，谢谢！"说完，青年头也不回地走了。

20年后的一天，已经是大型公司总裁的伯基突然收到一封精美的请柬，一位自称是他"20年前的朋友"的男士邀请他参加一个湖边度假区的落成庆典。出于好奇，伯基毫不犹豫地赴约了。在那里，他不仅领略了典雅的建筑风格，也见到了众多社会名流，接着，他看到了邀请他来的庄园主。

庄园主面对众多来宾，发表了即兴演说："欢迎大家来到这里，首先我想感谢在我成功的路上，第一个帮助我的人，那就是20年前的伯基……"说完，他在众人的掌声中走到伯基面前，并紧紧拥抱他。此时，伯基才突然发现，眼前这位名声显赫的钢材大亨特纳，原来正是20年前他遇到的青年。

酒会上，特纳感激地对伯基说："那个时候，当你把我带进卧室的那一刻，我真不敢相信梦想就在眼前，只要一伸手就能实现，那一瞬间，我突然明白，那张床是不属于我的，这样得到的梦想是短暂的，我应该把梦想交给自己，寻找真正属于我的那张床。现在，我找到了。"

曾有位商业巨子说过这样一句话："一个人若对前途全无梦想，他必定茫然不知何往。"那么如何才能美梦成真呢？

首先，我们必须要有梦想，并让这梦想为你每一天增加动力；其次，每天花几分钟时间，徜徉在梦想中，并不断增强自信；再次，多看书，不断编织新的梦想，修正生活和事业方向；最后，珍惜梦想，同时脚踏实地地一步步接近梦想。

事实上，除了怀揣梦想，敢想敢做，脚踏实地地将梦想一步步实现更为重要。在我们的日常生活中，几乎每个人年幼时都曾有梦想，但真正实现的人却寥寥无几，究其原因，除了不够努力，自信是最重要的症结，如果你相信，并努力伸手去抓，相信梦想一定就在离你不远的地方。

自救是克服困难的唯一出路

曾经有句话十分流行，经常会出现在某些人QQ或MSN的个人签名上，那就是："人如果不能自救，上帝也救不了他。"这句话很有道理，在我们漫长的人生旅途中，既有宽阔平坦的康庄大道，也有崎岖不平的山间小路；既有娇艳欲滴的美丽鲜花，也有蓊郁葱茏的荆棘丛生。所以无论你是坚强的男人还是柔弱的女子，也无论你是身强体壮的青年，还是耄耋老者或弱小儿童，谁都无法拒绝困难和挫折的到来，当你遭遇到这些困境的时候，除了伸手寻求外界帮忙，有没有想过，自己救自己？

曾看过这样一个小故事：说某人在屋檐下避雨，看到观音菩萨撑着伞从外面经过，这个人连忙叫住他：“观音菩萨，请您普度一下众生吧，带我一段如何？”观音说：“我在雨中，而你在檐下，檐下无雨，你不需要我度。”这人立刻跳出檐下，站在了雨中，他说：“现在我也在雨中了，你能度我了吧？”观音说：“你在雨中，我也在雨中，我不被淋，是因为有伞，而你被雨淋，因为无伞。所以，不是我度你，而是伞度我，你想被度，不必找我，请自找伞去。”说完便走了。

第二天，这个人又遇到了困难，他去寺庙找观音菩萨求助，走进庙里，发现观音像前有一个人正在拜，那人长得和观音菩萨一模一样，于是这人问道：“你是观音吗？”跪拜的人笑着说：“我正是观音。”这人又问：“那你为什么要拜自己呢？”观音说：“我也遇到了难事，但是我知道，求人不如求己。”听到这句话，那人毫不犹豫地走出了寺庙，自己找办法解决问题去了。

不少年轻父母可能会遇到这样的情况，在孩子没有学会说话之前，当他遇到困难，除了哭泣求助，还会尝试着自己动手，比如一个够不到的玩具，他会拼命往前爬，企图拿在手中；一个吃不到的食物，他会努力学习使用勺子，希望自己送进嘴里。当父母不忍心想要帮忙的时候，他总会不耐烦地把大人的手打开，再一次尝试着自己去做。

其实这就是一种自救的方法，对于孩子来说，“自己动手，丰衣足食”不是一句说教，而是与生俱来的本能，然而随着年龄的不断增长，很多人遗忘了这一本能，每当遇到困难，总是第一个想到别人，却从未想到通过自己的力量解决，事实上，在很多时候，自救才是克服困难的唯一出路。

丹尼终于以优异的成绩从大学毕业，并踌躇满志地走出校门，希望能找到一份心仪的工作，事实上一年前，他完全不是现在这副样子。

大三那年，因为沉迷于网络，一直成绩优秀的丹尼学业一度停滞，他甚至根本不想看书学习，原以为凭借过去的底子，混个毕业证就可以走出校门的他，却在最后一个学期的时候触了礁，弗朗西斯科教授在他的成绩单上打上了不及格。这让丹尼十分诧异，因为弗朗西斯科教授是他入学之后最欣赏他的老师，但正是这个一直对他最好的老师，让他至少推迟了半个学期，甚至一年的毕业时间，而之前作好的一切打算只能泡汤。这时摆在他面前的只有两条路：其一是重修这门功课，等下年度毕业的时候再拿学位；其二则是不要学位一走了之。

抱着一线希望，他找到了弗朗西斯科教授，希望他能帮自己改一下成绩，以便顺利拿到学位。弗朗西斯科教授在办公室接待了他，很客气地询问他为什么来找自己，当丹尼说出打算时，弗朗西斯科教授严肃地说："三年前，你是我遇到的最优秀的学生之一，我甚至将你当成自己的孩子来教育和引导，可以这样告诉你，如果你在生活中遭遇困难，我一定会帮你，但现在这件事我不会帮你的，你必须自己想办法。"

丹尼沮丧地回到宿舍，当他打开电子邮件的时候，发现了弗朗西斯科教授的一封信，在信中，弗朗西斯科教授告诉他，自己是如此失望，因为他不仅耽误了一年的学业，更错过了将来有可能成才的机会，最后，弗朗西斯科教授送给他一句话："现在唯一能救你的，是你自己，而我无能为力。"看到这里，丹尼思考良久，终于明白了教授的苦心。他决定将这门功课重修，并在一年的时间内，努力掌握了所有专业上的知识，最终出现了故事开头的那一幕。

拿到学位证书的丹尼，心里感慨万分，他很清楚，如果在去年顺利毕业的话，他也许无法获得现在的感受，他特地向弗朗西斯科教授致谢，因为他终于明白，那次的不及格不仅让他经历了挫折，更明白了一个道理，那就是在任何时候，只有自救才是克服困难的唯一出路。

在现实生活中，很多人无论遭遇到什么挫折，也不管失败因何而起，总想着借助外界力量来解决问题，却很少想到，通过自己的努力，同样能够面对，并将问题圆满解决。很多时候，虽然困难会让我们感到痛苦，但同时它也是一种考验和挑战，是激励我们不断成长，不断成熟，进而有所突破的难得机会。

有些困难可能看上去很可怕，有些挫折也许你以为无法克服，但事实上，如果你能够尝试着凭借自己的能力和坚持驱逐它、磨平它、克服它，有信心有勇气，那么就能够踩过泥泞，走过风雨，最终获得成功。

其实我们每个人的人生旅途，都不可避免地会经历挫折，遇到困难，在面对困境的时候，也许有人选择了退缩和放弃，也许有人选择了求助，但事实上最明智的方法是勇敢面对，只要我们具备百折不挠的意志，有自救的愿望，抱着即使一百次扑倒在地，也要有第一百零一次站起来的信念坚持下去，那么你一定是那个顺利走出困境的人。

困难没什么大不了，最大的困难并不是外界的一切，而是你的内心，只要战胜了自己，拥有自救意识，掌握自救的技巧，你就能从困境中脱颖而出，在挫折中变得更聪明，更坚强，更成熟。

要知道，成长中的挫折，并不意味着失败，也不意味着你的人生已经到了终点，相反，困难的终点，往往正是成功的起点，只要你能找到“对付”它的勇气和方法，让希望的光芒照射进心底，让你充满力量地打败它，那么你一定能突破自我，成就最好的自己。